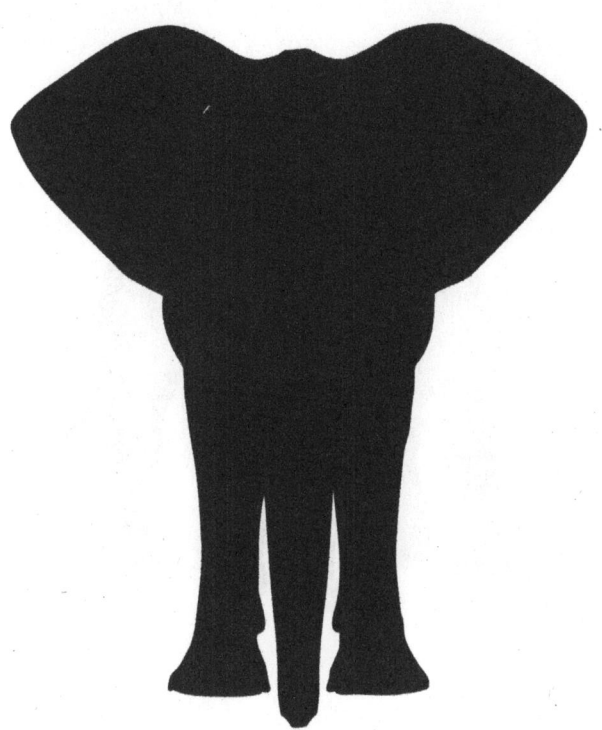

BIBLIOTECA BO

Director de colección
RAÚL LÓPEZ LÓPEZ

CASAS DE FIERAS Y ZOOLÓGICOS HUMANOS
CUANDO LA VIDA ANIMAL SE CONVIERTE EN UN ESPECTÁCULO INHUMANO

BIBLIOTECA **BO**

Luis Miguel Domínguez

Casas de fieras y zoológicos humanos

Cuando la vida animal se convierte en un espectáculo inhumano

ERASMUS

2025

BIBLIOTECA · BO

A LA SOMBRA DEL CONOCIMIENTO

ERASMUS EDICIONES

Primera edición:	mayo de 2025
©	Luis Miguel Domínguez Mencía, 2025
© de esta edición:	Editorial Almuzara S.L., 2025
Dirección editorial:	Raúl López López
Corrección:	Jesús Quintano
Diseño de cubierta:	estudiodavinci
Maquetación:	JesMart
Imprime y encuaderna:	Liberdúplex

www.erasmuslibros.com   www.editorialalmuzara.com
pedidos@almuzaralibros.com   erasmus@almuzaralibros.com

Parque Logístico de Córdoba. Ctra. Palma del Río, km 4 C/8, Nave 12, nº 3.
14005 - Córdoba

ISBN: 978-84-10199-25-5
Depósito legal: CO-745-2025

Hecho e impreso en España   Made and printed in Spain

Dedicado a aquel oso polar que cuando durante los años que visité la Casa de Fieras del Retiro madrileño, de la mano de mis padres, buscaba permanentemente la gota malaya que no consiguió perforarle el cráneo, pero sí la vida. Como todos los niños, yo no sabía por qué, pero había que liberarlo para que dejara de sufrir con aquel movimiento permanente de cuello y cabeza, puro tic neurótico. Sin duda era una criatura encarcelada, atormentada torturada y enloquecida, ante los ojos de todos...

ÍNDICE

PRÓLOGO

Jaulas vacías

Todos, unos más y otros menos, hemos visitado un zoo-ilógico. Lo que en un principio parece ser educativo y entretenido, siendo un poco observador, se va transformando en una realidad bien distinta, con unos seres que parecen disfrutar de sus vidas tranquilas y sin peligros. Les dan la comida, les dicen con quién tienen que relacionarse, los encierran en los llamados dormitorios de noche, que no es otra cosa que jaulas pequeñas en comparación con el espacio exterior. El visitante no se para en observar en qué estado se encuentran, sólo queda tranquilo y satisfecho cuando ha logrado ver al león, al elefante, al chimpancé, al delfín realizando saltos graciosos o a ese señor de los bosques, el lobo, sentado en un rincón de una roca. Para muchos es una diversión de un día de fin de semana en que llevar a sus hijos a que comprueben que existen animales silvestres y puedan verlos con sus propios ojos. Para otros es educación y compromiso con la biodiversidad de nuestro planeta. Pero todos están equivocados. Todos contribuyen, tal vez sin saberlo, al maltrato de seres sintientes que son cautivos en contra de su voluntad. Están tristes, melancólicos. Les han robado su propia cultura, su ser de ser quienes son, su libertad.

Por eso, cuando Luismi, un gran maestro de la vida, un padre de la biodiversidad de nuestro planeta, me preguntó si podía escribir un prólogo a este magnífico libro que el lector/a tiene en sus manos —y que nos abre los ojos ante la cautividad animal—, sin duda acepté porque es un honor para mí hacerlo al ser Luismi una personalidad tan querida y amante de la vida natural.

Casas de Fieras y zoológicos humanos nos adentra en la barbarie del ser humano que quiere ponerse por encima de los más débiles, explotarlos y utilizarlos para su beneficio económico. Pero no sólo eso sino que, no hace mucho, teníamos un comportamiento semejante con pueblos indígenas de los que se traían familias enteras para mostrar cómo eran sin necesidad de que los señoritos de la ciudad viajasen para verlos en sus tierras. Fue un acto vil, un crimen de lesa humanidad el consentir tal atropello a pueblos originarios y una incultura extrema que el ser humano, a lo largo de la historia y aún hoy, sigue cometiendo con sus acciones carentes de empatía y sensibilidad hacía los otros.

Tener seres vivos encerrados en espacios pequeños y para divertimento de los humanos no es ético ni es cultura. Verlos cómo se encuentran la mayoría aburridos, deprimidos y sin ganas de tener ninguna actividad —no solo porque no se ejercitan como lo hacen los de su especie buscando comida, sino que además se encuentran en recintos de pocos metros teniendo sus mentes afectadas de forma grave—, no es un divertimento ni tampoco nada agradable de ver.

Un zoo es un centro de tortura cerebral donde se les quita la inquietud de conocer la libertad, de bañarse en los ríos, de revolcarse en su barro, de lanzar gritos de libertad en su mundo. Cuando las instalaciones se cierran al público, se les encierra en jaulas pequeñas donde no pueden realizar ejercicios para sus músculos ni tampoco sentir la necesidad de buscar por ellos mismos la alimentación. Todo se lo dan hecho. Son meros cromos sin vida que se pasan la mayor parte del tiempo tumbados y desganados en sus recintos al aire libre por mucho que lo intenten disfrazar con dibujos bonitos o rincones artificiales.

Que a día de hoy sigan existiendo estos centros de cautividad es una muestra más del egocentrismo que el *Homo sapiens* ha mostrado desde el nacimiento de nuestra especie. Un querer dominar todo lo que nos rodea y ser dueño absoluto de todo sin mirar las consecuencias. Ya lo hizo enfrentándose a los neandertales y haciéndolos desaparecer de la faz de la Tierra en un premeditado exterminio. No hemos aprendido desde entonces, al revés, hemos aumentado cada vez más nuestra violencia contra todo lo vivo incluso contra nosotros mismos.

La sociedad debe comprender que todos los seres vivos de la Tierra tienen sentimientos, sufren cuando lo pasan mal al igual que nosotros. Los problemas psicológicos no son exclusivos de los seres humanos como «únicos pensantes».

El daño no sólo puede ser físico sino también neuronal como ya han demostrado informes científicos en ese sentido a pesar de lo cual estos centros siguen proliferando en el mundo entero para diversión y entretenimiento de los más pequeños.

Un informe detallado escrito por Bob Jacobs, profesor de Neurociencia del *Colorado College*, en conjunto con la doctora Lori Marino, presidenta del *Whale Sanctuary Project* y exprofesora principal de la Universidad de Emory, aclaran que mantener a los grandes mamíferos en zoológicos y acuarios daña sus cerebros. La cautividad ejerce una presión neuronal cruel en ellos. Y lo explican con todo lujo de detalles.

Bob nos dice que, tras décadas de estudiar el cerebro de humanos, elefantes africanos, ballenas y otros mamíferos grandes como los grandes simios, ha notado la gran sensibilidad del cerebro y los impactos graves en su estructura viviendo en cautividad. Muchos animales como los elefantes padecen artritis, obesidad o problemas cutáneos. Tanto los elefantes como las orcas suelen tener graves problemas dentales y las orcas en concreto en cautividad padecen neumonía, enfermedades renales e infecciosas, así como gastrointestinales. Para estos científicos, muchos animales intentan hacer frente al cautiverio adoptando comportamientos anormales. Algunos desarrollan *estereotipias*, que son hábitos repetitivos y sin propósito concreto como mover constantemente la cabeza, balancearse incesantemente o masticar los barrotes de sus jaulas. Otros, especialmente los grandes felinos, deambulan por sus recintos muchas veces en círculo. En fin, adoptan comportamientos que no se dan en libertad. Esta investigación neurocientífica indica que vivir en un entorno cautivo empobrecido y estresante daña físicamente el cerebro.

Lori y Bob afirman que subsistir en cuartos confinados y estériles en los animales que carecen de estimulación intelectual o contacto social apropiado parece adelgazar la corteza cerebral, la parte del cerebro involucrada en el movimiento voluntario y la función cognitiva superior, incluida la memoria, la planificación y la toma de decisiones. De igual forma, los capilares se encogen privando al cerebro de la sangre rica en oxígeno que necesita para sobrevivir. Las neuronas se vuelven más pequeñas y sus dendritas, las ramas que forman conexiones con otras neuronas, se vuelven menos complejas lo que afecta la comunicación dentro del cerebro. Como resultado, las neuronas corticales de los animales cautivos procesan la información de forma menos eficaz que las que viven en entornos enriquecidos y más naturales.

Debido a estas anomalías cerebrales que el informe nos indica, en ocasiones el comportamiento de estos animales puede ser violento y muchos accidentes que se originan en la industria del «entretenimiento animal» son producidos precisamente por las alteraciones neuronales que la cautividad produce a ciertas especies, sobre todo a los grandes mamíferos.

El informe continúa expresando que la salud del cerebro también se ve afectada por vivir en lugares pequeños que no permiten el ejercicio necesario. La actividad física aumenta el flujo de sangre al cerebro que requiere grandes cantidades de oxígeno. El ejercicio aumenta la producción de nuevas conexiones y mejora las habilidades cognitivas. En sus hábitos nativos, estos animales deben moverse para sobrevivir, recorriendo grandes distancias para alimentarse o encontrar pareja. Los elefantes generalmente viajan entre 15 y 120 millas por día. En un zoológico, tienen un promedio de tres millas diarias, a menudo caminando de un lado a otro en pequeños recintos. Una orca libre estudiada en Canadá nadó hasta 156 millas por día; mientras tanto, un tanque de orca promedio es aproximadamente 10.000 veces más pequeño que su área de distribución natural.

Respecto a los grandes simios, no solo necesitan entretenimiento, sino poder interactuar subiendo a los árboles, buscando comida y haciendo sus nidos nocturnos, patrullando su territorio y en contacto permanente con su familia, con su cultura, solucionando problemas y jerarquías, buscando nuevos territorios de asentamientos como lo hacían los hombres prehistóricos. La cautividad en los grandes simios afecta a su salud y a su cerebro de la misma forma que puede afectar a un ser humano dada la completa semejanza de nuestros organismos al tener un mismo ancestro común. La tristeza, el dolor de las separaciones de familia y muchas otras de sus capacidades cognitivas son iguales a las nuestras. ¿Cómo estaríamos nosotros si fuésemos encerrados de por vida en jaulas de noche o durante los días del cierre del establecimiento y durante el día tuviésemos que compartir un espacio reducido por muy bonito que nos lo quisieran pintar?

Bob y Lori lo tienen claro. Vivir en recintos que restringen o impiden el comportamiento normal genera frustración y aburrimiento crónicos. En la naturaleza, el sistema de respuesta al estrés de un animal lo ayuda a escapar del peligro. Pero el cautiverio atrapa animales que casi no tienen control sobre su entorno. Estas situaciones fomentan la indefensión aprendida e impactan negativamente en el hipocampo, que maneja las funciones de la memoria, y la amígdala, que procesa las emociones. El estrés prolongado eleva las hormonas del estrés y daña o incluso mata neuronas en ambas regiones del cerebro. También altera el delicado equilibrio de la serotonina, un neurotransmisor que estabiliza el estado de ánimo, entre otras funciones. En los seres humanos, la privación puede desencadenar problemas psiquiátricos, como depresión, ansiedad, trastornos del estado de ánimo o trastorno de estrés postraumático. Los elefantes, las orcas y otros animales con cerebros grandes reaccionan de manera similar a la vida en un entorno muy estresante.

En el estudio advierten que la corteza cerebral, el hipocampo y la amígdala se alteran físicamente por el cautiverio, junto con los circuitos cerebrales que involucran los ganglios basales. La evolución ha construido cerebros animales para que respondan exquisitamente a su entorno. Esas reacciones pueden afectar la función neuronal activando o desactivando diferentes genes. Vivir en circunstancias inapropiadas o abusivas altera los procesos bioquímicos: interrumpe la síntesis de proteínas que construyen conexiones entre las células cerebrales y los neurotransmisores que facilitan la comunicación entre ellas.

El informe científico finaliza afirmando que:

Algunas personas defienden mantener animales en cautiverio, argumentando que ayuda a conservar especies en peligro de extinción u ofrece beneficios educativos para los visitantes de zoológicos y acuarios. Estas justificaciones son cuestionables, especialmente para los grandes mamíferos. Como muestra nuestra propia investigación y el trabajo de muchos otros científicos, enjaular grandes mamíferos y exhibirlos es innegablemente cruel desde una perspectiva neuronal. Causa daño cerebral. Y aluden que para los animales que no pueden ser libres, existen hoy día santuarios bien diseñados.

Luismi nos adentra en la empatía que debemos tener hacia otras especies diferentes a la nuestra, en saber que no estamos en el vértice de la pirámide y que todos cumplimos un objetivo en la cadena de la vida de todos nuestros ecosistemas. Él conoce mucho mejor que yo la importancia de estos eslabones esenciales de nuestra maravillosa Tierra. Ha pateado muchos ecosistemas sensibles y conoce de primera mano los problemas que acontecen por la destrucción de aquellos. Sus sabias palabras que el lector/a tiene la oportunidad de conocer en esta obra, son verdaderas lecciones de amor a la vida. Como maestro de la esperanza verde, de *Akela* de la manada, nos hace vibrar con fuerza en el sendero de la libertad de nuestros compañeros no humanos.

Espero que este libro despierte los ojos de los padres que llevan a sus hijos al zoo para pasar un día de entretenimiento. La única forma de luchar para acabar con este negocio de la vida es no ir a estos antros donde se palpa el horror del maltrato neuronal. Existen muchas formas de enseñar a nuestros hijos quiénes son los animales y qué funciones tienen en cada ecosistema. Hay medios audiovisuales para verlos en libertad, en su casa y no en la tristeza de un pequeño recinto acotado de barrotes y vallas donde pasan sus días tristes, lejos de su hábitat, de su mundo.

Por todo ello, y aprovechando que Luismi me ha dado la oportunidad en este prólogo, y dado que veremos en sus palabras, capítulo a capítulo, la importancia tanto del cese de los zoos o su reconversión como de la empatía y amor hacia los no humanos, quiero dejar claro varios aspectos que debemos tener en cuenta e ideas y razonamientos que deberíamos saber a la hora de actuar frente a estos guantánamos de seres vivos encerrados de por vida.

Necesidad de reconversión de los zoos

En un mundo donde el conocimiento científico y la sensibilidad hacia otras formas de vida han avanzado de manera significativa, los zoos se enfrentan a una encrucijada ética y funcional. ¿Es justificable, en pleno siglo XXI, mantener a seres vivos encerrados en espacios artificiales con el único propósito de entretenimiento o de una supuesta educación?

Durante siglos, los zoos fueron vitrinas de la biodiversidad, acercando a las personas a especies exóticas que de otra forma jamás conocerían. Sin embargo, este modelo está obsoleto. Hoy en día contamos con herramientas tecnológicas y recursos educativos que permiten aprender sobre la fauna salvaje de manera respetuosa, sin necesidad de someter a los animales a una vida de cautiverio.

Razones por las que los zoos ya no son necesarios

Las razones son muy claras y las expongo de manera sencilla y comprensible. Sé que Luismi comparte conmigo estos sentimientos. La sensibilidad es una manera de abrirnos los ojos y ponernos en el otro:

Encierro o libertad: un dilema moral

Cada animal que vive en un zoo ha sido despojado de su hábitat, de sus instintos y, en muchos casos, de su dignidad. Aunque los espacios modernos intentan simular su entorno natural jamás podrán reemplazar la vastedad, la complejidad y la libertad de un ecosistema real.

1. *Falsa educación.* Observar a un tigre pasearse de un lado a otro en un recinto reducido o a un elefante encadenado en un espectáculo no enseña sobre el verdadero comportamiento de estas especies. Por el contrario, perpetúa la idea errónea de que los animales existen para servir a los intereses humanos. La verdadera educación debería inspirar empatía y respeto por la vida silvestre, algo que los documentales, las visitas a reservas naturales o los programas interactivos digitales hacen de manera mucho más efectiva.

2. *El daño psicológico y físico del cautiverio.* Numerosos estudios, como el realizado por Bob y Lori, han demostrado que los animales en cautiverio experimentan estrés, depresión y problemas de salud derivados de la falta de estímulos, espacio y libertad. Esto es especialmente evidente en grandes mamíferos como orcas, elefantes y felinos cuyos comportamientos estereotipados son una clara señal de sufrimiento.

3. *Alternativas éticas y educativas.* Hoy, las reservas naturales, los santuarios y los centros de rehabilitación de fauna representan modelos sostenibles que permiten a los animales vivir en condiciones dignas mientras se trabaja en su conservación. Además, tecnologías como la realidad virtual y los hologramas ofrecen experiencias educativas impactantes sin sacrificar la libertad de los seres vivos.

En esta misma línea, los espectáculos circenses con delfines, orcas y otros animales marinos representan una explotación camuflada bajo la etiqueta de *entretenimiento familiar.* Una forma de crueldad maquillada. Estos animales, cuya vida en libertad está llena de complejidad social y viajes interminables por los océanos, son confinados en piscinas diminutas donde apenas pueden nadar unas cuantas brazadas. Su entrenamiento se basa en el refuerzo de comportamientos antinaturales y, en muchos casos, en el sometimiento.

Llevar a los niños a estos espectáculos no les educa sino que le insensibiliza frente a la crueldad hacia otros seres vivos. Si queremos formar generaciones conscientes, empáticas y responsables debemos enseñarles que todas las vidas tienen un valor intrínseco que merece respeto.

Es hora de replantear lo que entendemos por cultura y educación. No necesitamos llevar a los niños a ver a animales encerrados para enseñarles la biodiversidad. Más bien, debemos mostrarles el valor de los ecosistemas vivos, de las acciones de conservación y del respeto a la naturaleza.

Renunciar a los zoos y a los espectáculos con animales es una decisión que trasciende la ética personal; es un paso hacia una sociedad más consciente y justa que reconoce a los animales como seres con derechos y necesidades propios. La reconversión de los zoos en santuarios, en centros de conservación o en espacios educativos interactivos es no solo necesaria sino inevitable.

Un mundo sin jaulas

Los que amamos la vida en toda su expresión —como Luismi lo ha demostrado a lo largo de la suya—, visualizamos un futuro en el que los zoos tradicionales serán un vestigio del pasado, reemplazados por espacios donde los animales puedan vivir en condiciones dignas o donde la educación sea realmente transformadora sin depender de vidas cautivas. Ese futuro depende de nosotros, de nuestras decisiones como consumidores, educadores y ciudadanos. Es hora de cambiar la narrativa y devolverles a los animales lo que nunca debieron perder.

Imaginemos un mundo donde las jaulas sean solo reliquias del pasado, donde los ecosistemas vibren en equilibrio y los seres vivos no humanos coexistan con los humanos en un estado de respeto mutuo. Este no es solo un sueño utópico, es un ideal alcanzable si transformamos nuestra relación con la naturaleza dejando atrás la explotación y abrazando la convivencia. La armonía del respeto hacia los seres vivos no humanos es fundamental para la propia dignidad de la humanidad.

En este mundo futuro sin jaulas, los animales no serían prisioneros ni piezas de exhibición. Las orcas no saltarían para divertir a multitudes sino que nadarían libres en océanos limpios, formando parte de un ciclo natural que los seres humanos no interrumpirían. Los elefantes caminarían por sabanas interminables, los primates saltarían de árbol en árbol en selvas protegidas y los osos polares vagarían por un ártico sin derretirse bajo el peso del cambio climático.

La libertad no sería solo física sino también una liberación de la presión humana. Sin cacerías, sin deforestación, sin contaminación. Los hábitats naturales estarían intactos, protegidos como santuarios sagrados para todas las especies.

Este nuevo paradigma implica un cambio de mentalidad radical. Los humanos ya no se situarían en la cúspide de una pirámide imaginaria sino como una especie más dentro de un entramado de vida interdependiente. El respeto hacia los seres no humanos sería parte de nuestra ética cotidiana. Desde las políticas gubernamentales hasta las decisiones personales, todo estaría orientado hacia una convivencia que no sacrificase vidas ni ecosistemas dentro de una convivencia respetuosa más allá del antropocentrismo. Los animales serían reconocidos como individuos con intereses, emociones y derechos, tal como la justicia en algunos casos ha comenzado a aceptar al declarar por sentencia que Sandra, una oranguntana, y Cecilia, una chimpancé, fueran declaradas *personas no humanas*. Las leyes deben reflejar esta ética y prohibir cualquier forma de explotación, abuso o confinamiento.

En un mundo sin jaulas, la educación tendría un enfoque profundamente transformador. Los niños aprenderían sobre los animales en su estado natural, a través de experiencias inmersivas como la observación en reservas naturales o programas educativos virtuales que recreasen ecosistemas reales. Esto fomentaría no solo el conocimiento, sino también la empatía y el sentido de responsabilidad hacia otras formas de vida.

La cultura celebraría la vida salvaje a través de las artes, la tecnología y la literatura, narrando historias que inspirasen amor y respeto por cada criatura que habita este planeta.

En ese mundo ideal, las ciudades ya no estarían divorciadas de la naturaleza. Se diseñarían para coexistir con la biodiversidad, con corredores biológicos que permitiese el libre tránsito de fauna, tejados verdes, reservas naturales urbanas y tecnologías sostenibles que minimizasen el impacto ambiental.

La tecnología tiene que desempeñar un papel crucial en este escenario. En lugar de explotarla para controlar o dominar, la debemos usar para proteger. Los drones vigilarían los hábitats naturales, los sensores detectarían amenazas como la caza furtiva y los avances en inteligencia artificial nos ayudarían a restaurar ecosistemas degradados. Incluso podríamos recrear virtualmente encuentros con especies salvajes, lo que permitiría a las personas maravillarse con la fauna sin perturbarla.

Las prácticas humanas también se transformarían. La agricultura sería regenerativa y no invasiva, a la vez que dejaría espacio para la fauna silvestre. Los productos animales serían sustituidos por alternativas basadas en plantas o tecnologías avanzadas como la carne cultivada en laboratorio, lo que eliminaría así la necesidad de granjas industriales y su devastador impacto ecológico. Las personas serían conscientes de su huella en el planeta y vivirían en equilibrio con él, comprendiendo que cada acción tiene un impacto en los seres vivos que comparten nuestro hogar común.

El mundo que podemos construir

Este mundo no es solo una visión poética; es un objetivo tangible si unimos esfuerzos como grupo. Implica adoptar políticas más justas, apoyar iniciativas de conservación, cambiar hábitos de consumo y, sobre todo, transformar nuestra relación con el planeta y sus habitantes.

Vivir en un mundo así sería vivir en un mundo de respeto, empatía y equilibrio. Sería un mundo donde la humanidad finalmente reconociese su responsabilidad como guardiana de la Tierra, en lugar de ser su explotadora. Y en ese mundo, el rugido de un león en libertad o el salto de una ballena en el océano no serían un espectáculo para el entretenimiento humano sino un recordatorio de la belleza de un planeta vivo.

Un mundo ideal: zoos reconvertidos en santuarios de vida y educación

En un mundo donde los zoos hubiesen dejado atrás el confinamiento y la explotación, su reconversión sería un acto de justicia hacia los animales y una oportunidad para redefinir nuestra relación con la naturaleza. Estos espacios podrían transformarse en centros de conservación, santuarios de vida digna y educación ética, marcando el inicio de una nueva era de respeto hacia los seres vivos no humanos. Para ello tenemos que tener en cuenta:

1. *Santuarios para animales rescatados.* Los zoos reconvertidos no albergarían animales capturados en la naturaleza ni criados con fines comerciales. En cambio, serían refugios para individuos rescatados de situaciones de maltrato, tráfico ilegal, granjas industriales o antiguos circos. Estos santuarios garantizarían una vida digna en recintos amplios, enriquecidos y diseñados para satisfacer sus necesidades físicas, emocionales y sociales. Los animales vivirían en entornos lo más cercanos posible a sus hábitats naturales. No serían exhibidos para el entretenimiento, sino que su presencia serviría para educar sobre la importancia de protegerlos en libertad.

2. *Centros de rehabilitación y reintroducción.* Estos espacios podrían actuar como centros de rehabilitación para especies heridas o confiscadas con el objetivo de devolverlas a la naturaleza cuando fuera posible. En el caso de animales no aptos para la reintroducción, se les ofrecería un hogar seguro y enriquecedor para el resto de sus vidas.

3. *Educación inmersiva y ética.* Los zoos reconvertidos se convertirían en centros educativos donde las personas pudieran aprender sobre biodiversidad sin contribuir al sufrimiento animal. La tecnología, como la realidad virtual y aumentada, ofrecería experiencias inmersivas que recreasen los ecosistemas naturales y los comportamientos de los animales en libertad.

Los programas educativos se centrarían en la conservación, el cambio climático y el respeto hacia todas las formas de vida.

4. *Bancos genéticos y laboratorios de conservación.* Para especies en peligro crítico, estos espacios podrían albergar bancos genéticos, laboratorios para la investigación de reproducción asistida y proyectos de conservación que trabajasen directamente con expertos y comunidades locales.

5. *Reservas urbanas y refugios para especies locales.* En lugar de encerrar animales exóticos, los zoos reconvertidos podrían convertirse en reservas urbanas para la protección de especies locales. Serían refugios para aves migratorias, pequeños mamíferos y polinizadores, lo que promovería la biodiversidad en el corazón de las ciudades.

Beneficios para la humanidad y el planeta

Transformación cultural. La reconversión de los zoos enviaría un mensaje poderoso: la humanidad ha aprendido a valorar la vida más allá de su utilidad inmediata. Esto fomentaría una cultura de respeto y empatía hacia todas las formas de vida.

Impulso a la conservación. Al centrarse en la rehabilitación, la educación y la investigación, estos espacios tendrían un papel crucial en la protección de especies amenazadas y la restauración de ecosistemas degradados.

Educación intergeneracional. Las nuevas generaciones crecerían aprendiendo sobre la biodiversidad desde una perspectiva ética, y comprenderían que el respeto hacia la naturaleza es un pilar fundamental para un futuro sostenible.

Integración con la comunidad. Estos espacios podrían ser gestionados en colaboración con las comunidades locales, fomentando su participación activa en proyectos de conservación y educación.

En este modelo ideal, visitar un antiguo zoo reconvertido no sería una experiencia de voyerismo hacia animales encerrados sino un acto de aprendizaje profundo y de conexión espiritual con la naturaleza. Los visitantes podrían:

- Caminar por corredores verdes que simulasen hábitats naturales.
- Participar en talleres interactivos para aprender el impacto humano en el planeta.
- Conectar con animales rescatados, no como objetos de exhibición, sino como individuos con historias que reflejan las consecuencias de nuestras acciones.

La reconversión de los zoos no sería solo un paso hacia la justicia animal sino también un ejemplo de cómo podemos reparar los errores del pasado. Demostraría que la humanidad puede evolucionar, abandonar prácticas arcaicas y construir un futuro basado en el respeto mutuo.

Los zoos reconvertidos serían símbolos de esta transición, recordatorios de nuestra capacidad para cambiar y adaptarnos y faros de esperanza para un planeta en el que todas las formas de vida pueden prosperar.

Cuando hablo del cierre de los zoos o el fin de la esclavitud de seres vivos cautivos es importante siempre mostrar una alternativa posible que sea igual de rentable para los explotadores de la vida, pero más acorde con el sentimiento que nos ocupa en esta obra que Luismi ha querido mostrar contando historias de seres sintientes o el humillante trato que hace muy poco dimos a los pueblos originarios por utilizarlos como zoos humanos. Aún no hemos perdido perdón por esta aberración de la que nos tenemos que sentir profundamente avergonzados.

Zoos del futuro: hologramas y realidad virtual al servicio de la conservación y la educación

Imagina un lugar donde, en lugar de caminar entre jaulas y recintos, te sumerjas en selvas tropicales, sabanas interminables, océanos profundos o cumbres nevadas. Todo esto sin salir de la ciudad y sin perturbar la vida de los animales en su hábitat natural. En este concepto revolucionario de zoos, la tecnología holográfica y la realidad virtual se convierten en las herramientas que nos conectan con la biodiversidad de manera ética, educativa y emocionante. Las características de estos futuros centros de conservación serían las que expongo a continuación, teniendo en cuenta que hoy día, con los recursos tecnológicos que tiene la humanidad y la inteligencia artificial, es posible su puesta en práctica:

1. *Exploración inmersiva de hábitats naturales.*
    - Los visitantes podrían colocarse visores de realidad virtual o caminar por salas interactivas donde los hologramas recreasen

ecosistemas completos. Sentirían la brisa de la sabana, el frescor del océano o los sonidos de una jungla viva, experimentando cómo viven los animales en libertad.

- La experiencia no solo mostraría a los animales, sino también sus interacciones, comportamientos y la riqueza de sus entornos.

2. *Hologramas en alta definición.*

- Proyecciones holográficas de animales en su tamaño y forma reales permitirían observar detalles asombrosos, como el pelaje de un león o las escamas de un reptil. Estas proyecciones serían animadas con movimientos naturales, mostrando comportamientos auténticos, como el juego de los cachorros o la caza de un depredador.

3. *Viajes educativos en tiempo real.*

- Los zoos podrían ofrecer transmisiones en vivo desde cámaras instaladas en reservas naturales de todo el mundo, permitiendo a los visitantes observar a los animales reales en su entorno sin interferir en su libertad.

4. *Interacción educativa personalizada.*

- Mediante inteligencia artificial, los visitantes podrían interactuar con los hologramas para aprender más sobre cada especie. Por ejemplo, podrían hacer preguntas como: «¿Qué come un oso polar?», y obtener respuestas detalladas, acompañadas de animaciones o gráficos explicativos.

5. *Simulaciones de ecosistemas en peligro.*

- Los zoos podrían incluir simulaciones que mostrasen los impactos de la deforestación, el cambio climático o la contaminación en los hábitats. Esto ayudaría a los visitantes a comprender cómo nuestras acciones afectan a la vida silvestre y qué podemos hacer para protegerla.

Los beneficios de esta transformación revolucionaria serían cuantiosos:

1. *Eliminación del sufrimiento animal.*

- Al reemplazar a los animales vivos con hologramas y experiencias virtuales, estos zoos garantizan que ningún ser vivo sufra por el entretenimiento humano. Los animales seguirían viviendo en libertad mientras nosotros aprendemos de ellos sin interferir.

2. *Acceso ilimitado a la biodiversidad.*

- Los hologramas y la realidad virtual permitirían recrear incluso las especies más remotas o en peligro crítico. Desde ballenas azules en el océano hasta aves en la cima de una montaña, ningún animal estaría fuera de nuestro alcance.

3. *Educación profunda y memorable.*

- La tecnología inmersiva tiene un impacto emocional profundo. Ver a un tigre cazando en la selva o una manada de elefantes cruzando la sabana en un holograma 3D podría despertar empatía y conciencia de manera más poderosa que cualquier lección tradicional.

4   *Conciencia ambiental global.*

- Estos espacios podrían educar no solo sobre los animales, sino también sobre las amenazas globales que enfrentan, como el cambio climático, la pérdida de hábitats y el tráfico ilegal. Esto inspiraría a los visitantes a convertirse en agentes de cambio en sus comunidades.

5. *Adaptabilidad y sostenibilidad*

- Los zoos virtuales no requerirían grandes infraestructuras para mantener animales vivos. Serían más sostenibles, reduciendo la necesidad de recursos como agua, alimentos o transporte de especies.

Un espacio de innovación y conservación

Además de ser lugares educativos, estos zoos tecnológicos podrían colaborar directamente con proyectos de conservación. Por ejemplo, en la recaudación de fondos cuyas entradas podrían destinarse a iniciativas de protección de hábitats o especies en peligro y en la concienciación ciudadana, ya que los visitantes podrían aprender cómo sus hábitos cotidianos afectan a los ecosistemas y recibir consejos prácticos para reducir su impacto.

Un niño visitando un zoo holográfico podría ser transportado al Serengeti para caminar junto a leones mientras aprende sobre sus comportamientos sociales, sumergirse en el océano para nadar virtualmente con delfines y ballenas, entendiendo la importancia de los océanos saludables, viajar en el tiempo para observar especies extintas, como el dodo o el tigre de Tasmania y reflexionar sobre las consecuencias de la extinción.

Este modelo de zoos que debería llamarse de otra forma para borrar el pasado de la explotación, sufrimiento y cautividad de seres sintientes, no sólo respetaría a los animales, sino que también enviaría un poderoso mensaje ético: no necesitamos explotar para aprender, ni encerrar para admirar. Sería un testimonio de la capacidad de la humanidad para evolucionar y encontrar formas más compasivas de conectar con la naturaleza. Un futuro sin jaulas no es solo posible, sino necesario. Y los zoos holográficos y virtuales podrían ser el puente entre nuestra curiosidad y nuestro respeto hacia la vida salvaje.

En un mundo lleno de desafíos globales como la crisis climática, la pérdida de biodiversidad y la desconexión con la naturaleza tenemos la responsabilidad de replantearnos cómo vivimos y nos relacionamos con las demás formas de vida en este planeta. Este mensaje es una invitación a padres y jóvenes quienes tienen en sus manos el poder de construir un futuro más ético, respetuoso y sostenible.

Como guías de las próximas generaciones, los padres tienen la oportunidad de inculcar valores que trasciendan el entretenimiento superficial y fomenten una verdadera conexión con el mundo natural. Llevar a los niños a zoos tradicionales o espectáculos con animales puede parecer una actividad educativa, pero en realidad perpetúa una visión desfasada: la de que los seres vivos no humanos existen para nuestro beneficio.

Hoy sabemos que los animales son seres sintientes, capaces de sufrir emocional y físicamente y que los comportamientos que vemos en animales cautivos son una sombra de lo que realmente son en libertad. La educación más valiosa no se encuentra detrás de las rejas, sino en la comprensión de los ecosistemas vivos y en el respeto hacia la naturaleza.

Como padres, su mayor legado será criar hijos empáticos, conscientes de su papel como guardianes del planeta. En lugar de enseñarles a admirar a un animal enjaulado pueden inspirarles con documentales, visitas a reservas naturales, experiencias virtuales o actividades al aire libre que fomenten el amor por la vida salvaje en su estado natural.

Enseñar respeto es enseñar humanidad. Mostremos a nuestros hijos que cada vida tiene un valor intrínseco y que el poder de los humanos no está en dominar sino en proteger.

El mensaje para los jóvenes, que son la generación del cambio, que tanto Luismi como yo lanzamos en esta obra, es la chispa que puede encender la transformación del mundo. Tienen el conocimiento, la tecnología y el entusiasmo para crear una sociedad más justa, no solo para los humanos, sino para todos los seres vivos.

En un mundo sin jaulas los animales vivirán libres como parte de un ecosistema que debe ser protegido, no explotado. La educación será un viaje inmersivo y emocionante hacia la naturaleza, no una visita superficial a recintos artificiales y la tecnología será una herramienta para la conservación y no una excusa para dominar la vida silvestre.

Nos preguntamos ¿qué tipo de mundo quieren heredar? ¿Uno donde los animales son utilizados para entretenimiento o uno donde son respetados como parte esencial de la vida en la Tierra?

Los jóvenes son los arquitectos del futuro. Pueden decidir decir «no» a espectáculos de delfines en cautiverio, «no» a los zoos tradicionales, y «sí» a la conservación, al respeto y a una relación más equilibrada con la naturaleza. Sus decisiones de hoy tendrán un impacto directo en el mañana.

Un mundo sin jaulas es un mundo donde aprendemos que la verdadera maravilla de los animales está en su libertad, en sus interacciones, en su hábitat natural y en la complejidad de los ecosistemas que habitan. Es un mundo donde reconocemos que no tenemos derecho a encerrar, dominar o explotar a quienes comparten esta Tierra con nosotros.

La reconversión de los zoos en espacios de aprendizaje ético, tecnología inmersiva y conservación activa es solo el comienzo de una transformación más profunda. Pero este cambio empieza en casa, con las decisiones que tomamos como familias y con los valores que inculcamos en nuestros hijos.

Eduquemos para el respeto. Criemos para la empatía. Vivamos para la armonía.

Los jóvenes deben coger el testigo de las personas que como Luismi han ocupado toda su vida en la defensa de la naturaleza, de los ecosistemas, del lobo y de todos los seres vivos en general. Deben ser la voz de aquellos que no tienen voz. Hay que rechazar lo que no respeta la vida. Ser líderes de un futuro donde todas las especies puedan coexistir en libertad. Juntos podemos construir un mundo sin jaulas, un mundo de respeto y equidad para todos los seres vivos.

Por todo lo expuesto, para mí ha sido todo un honor poder expresarme en este excelente libro, una obra que sin duda quedará marcada en los anales de la historia de la lucha por los derechos de los animales, un libro que es estandarte de libertad de todos los no humanos cautivos del mundo.

Quiero recordar brevemente como director ejecutivo del Proyecto Gran Simio que no solo abarcamos la defensa de nuestros hermanos evolutivos, sino también la de otras especies y la defensa de los pueblos indígenas. Con apoyo en un informe veterinario, en el año 2019 denunciamos al Zoo de Madrid ante las autoridades por forzar a los delfines a realizar trabajos circenses continuados en diferentes sesiones al público ya algunos de ellos presentaban lesiones y heridas. Tras una inspección que no dio lugar a sanción administrativa ni a la incoación de causa penal, el Zoo Aquarium de Madrid interpuso una demanda contra Proyecto Gran Simio en 2020 por supuesta intromisión ilegítima en su derecho al honor tras haber publicado en nuestra página y en medios de comunicación la denuncia de 2019 contra el Zoo ante la Guardia Civil. La demanda fue desestimada por el Juzgado de Primera Instancia nº 74 de Madrid y también fue desestimado el posterior recurso de apelación tramitado ante la Audiencia Provincial de Madrid. Contra esta desestimación en segunda instancia, el zoo interpuso recurso de casación ante el Tribunal Supremo, el cual se pronunció en Sentencia de la Sala de lo Civil nº 1793/2023, de 20 de diciembre. En su pronunciamiento, el Tribunal Supremo desestimó el recurso (desestimación que también fue interesada por el Ministerio Fiscal) y confirmó que Proyecto Gran Simio no vulneró el derecho al honor del Zoo de Madrid.

Entre los fundamentos jurídicos de la Sentencia, el Tribunal Supremo manifestó que:

> No existen razones para atribuir a la denuncia de PGS el carácter fraudulento e instrumental que le atribuye la recurrente, pues es razonable que una asociación que promueve el bienestar animal, que tiene conocimiento de que delfines con problemas en su piel seguían siendo utilizados en las exhibiciones del Zoo y que conoce las vagas explicaciones dadas al respecto por la hoy recurrente, quisiera que se investigara ese concreto comportamiento por si pudiera ser constitutivo de delito o, si acaso, de infracción administrativa, voluntad que finalmente se expresó mediante una denuncia ante el SEPRONA en la que no se usaron expresiones injuriosas ni vejatorias que determinó que se llevará a cabo una inspección del delfinario.

Por lo anterior, el Alto Tribunal resolvió que:

> La denuncia, por más que pudiera entrañar un descrédito para la demandante, no constituyó una intromisión ilegítima en su honor, porque fue el cauce legalmente previsto para que PGS pusiera en conocimiento de la policía con competencias sobre la materia la existencia de un posible ilícito (penal o administrativo) y PGS actuó amparada por su libertad

de expresión en el marco de los derechos que tenía como denunciante.

Esta sentencia firme del Supremo que sentó jurisprudencia nos muestra que no tenemos que tener miedo a efectuar denuncias cuando veamos un supuesto maltrato animal dentro de estas instalaciones donde mantienen cautivos a seres sintientes.

Tampoco tenemos que olvidar que los científicos reunidos en Cambridge (Reino Unido) en 2012, lanzaron el Manifiesto de Cambridge en el que estuvieron presente personas de gran relevancia como Hawking, en el que manifestaban, basándose en evidencias neuroanatómicas, neuroquímicas y neurofisiológicas, que los animales no humanos tienen conciencia, ampliando de esta forma este concepto más allá de los humanos a otros seres vivos. Un manifiesto que parece haber quedado olvidado, oculto, escondido, por intereses que claramente van en beneficio de la explotación animal en todos sus sentidos.

Luismi ha derramado muchas lágrimas en defensa de los animales y en especial del lobo. Ha sido denunciado y criticado por algunos colectivos que ven en la naturaleza el negocio y la diversión. Es una activista en la lucha por sus derechos, un defensor de la vida en todas sus dimensiones con una sensibilidad especial y un corazón enamorado de la biodiversidad de nuestro planeta. No cabe duda de que todos nosotros, y en especial los no humanos, le agradecemos su valor de seguir adelante en la lucha incansable por la defensa de nuestros compañeros de viaje en esta nave Tierra, que necesita sin duda de mecánicos como el autor de este libro para poner de nuevo en marcha los motores con más intensidad y salvarnos de la oscuridad en la que estamos sumidos en medio del caos.

No quiero acabar este prólogo sin antes poner en valor públicamente la obra que el lector o lectora tiene en sus manos. Cada palabra, cada capítulo de este libro está escrito con sentimientos de dolor y tristeza, de lágrimas gastadas de sufrimiento en cada línea escrita recordando paso a paso la triste y angustiosa historia de seres sentientes, pero también con la necesidad de adentrarnos en relatos olvidados cuyos protagonistas no son humanos.

Gracias, Luismi, por acercarnos a sus vidas olvidadas, a su recuerdo, por el esfuerzo que haces día a día para y por los seres sintientes y por esa lágrima humana tuya con la que has escrito este libro y que no dejará indiferente a nadie.

Pedro Pozas Terrados
Escritor, naturalista, poeta
Director Ejecutivo del Proyecto Gran Simio
(GAP/PGS-España)

AGRADECIMIENTOS

D<small>E</small> bien nacidos es ser agradecidos. Por eso, antes de nada, voy a agradecer. Así, sabrás bien quién ha hecho posible, junto a mí, que este libro haya llegado hasta tus manos.

En primer lugar, muestro mi agradecimiento a Mónica, mi compañera de vida y amor, pues se dedica en cuerpo y alma a hacerme la vida fácil, a hacérmela posible, en definitiva.

Por otra parte, mi agradecimiento más sincero también es para Raúl López, mi editor y director de Erasmus Libros. Y ello es, sobre todo, por su entusiasmo pues como nos explica la etimología del latín clásico, los entusiasmados están poseídos por las musas y él lo está. Quizás sin él saberlo, se ha convertido en un pilar básico de mi proyección como escritor.

Por último, quiero agradecer con la misma intensidad a Pedro Pozas, alma y voz del proyecto Gran Simio en España, su generoso y emocionante prólogo.

1

INTRODUCCIÓN: POSEER SIN PENA NI GLORIA

EQUIVOCADAMENTE, pero con toda la lógica, podemos llegar a creer que siempre que el ser humano ha decidido rodearse de animales, manteniendo en cautividad a diferentes especímenes pertenecientes a varias especies, lo ha hecho sin sentimientos, de manera egoísta, tan solo, por el mero hecho de acumular bienes y de poseer sin medida y sin pena ni gloria. Pero no siempre fue así. Por ejemplo, el trino de los canarios enjaulados entre barrotes y alpiste —aunque pertenecía a unas criaturas a las que habíamos arrebatado la libertad—, inspiraba a las gentes también cautivas en las ciudades pero melancólicas de sus orígenes camperos. Esos trinos eran entonces medicinales para el alma de quien los oyera y por tanto había sentimiento en aquel acto que encumbraba la nostalgia más verdadera, esa que va en busca de los orígenes.

También hay buena intención, si observamos más allá de la simple evidencia, en los pueblos amazónicos de cazadores-recolectores que suelen ser muy aficionados a convivir con verdaderos zoológicos vivientes, como en el caso de los Zoé del río Cuminapanema, en la Amazonia central brasileña, pueblo con el que tuve la oportunidad de convivir en el año 1999.

Sus aldeas eran el lugar idóneo en el que se mezclaban personas y animales, y lo mismo podías ver en cautividad a un hermoso tucán, a un coatí o a un esquivo felino jaguarundi. En ese pueblo de cazadores-recolectores es donde desde la noche de los tiempos se lleva a cabo una costumbre estremecedora por esclarecedora relacionada con los animales de compañía por parte de las personas. Cuando los hombres van cada día a la selva con arco y flechas para cazar primates que comer, existe una norma no escrita pero conocida y respetada por todos. Si el mono araña, o guariba, o de cualquier otra especie considerada su presa base como alimento, es herido en la cacería pero no muerto en la primera flecha, se le capturará y curará la herida y se le dará una segunda oportunidad entregándosele en el poblado generalmente a una mujer de avanzada edad que haya enviudado y viva sola.

Así de este modo, el animal formará parte de tan sensible sociedad de los cuidados, que tanto amalgama y sociabiliza, pasando a ser animal de *estimaçao*, dando compañía y dejándose cuidar como un hijo. Es decir, que históricamente, desde el principio de los tiempos, el hombre ha sido un admirador de la naturaleza y especialmente de la fauna y de algún modo ha querido tenerla cerca —en principio desde la admiración y el respeto— en busca de su energía reparadora y curativa.

Pero eso tan solo fue durante unos cuantos miles de años, hasta que nuestra sociedad dejó de ser nómada, se sedentarizó y se acomodó para ser capaz entonces de

Especialmente las mujeres viudas de la etnia zoé,
adoptan a un primate herido en las cacerías de los
hombres. Curarán todas sus heridas y será criado
como un hijo. Fotografía del autor.

acumular bienes y, equivocadamente, en dirección a su
egocentrismo más atroz, llegar incluso a entender como
negocio la captura en la naturaleza, el tráfico y el comercio de seres vivos con el propósito de exhibirlos en unas

instalaciones a las que hoy llamamos zoológicos y que forman parte del insaciable sector del entretenimiento a toda costa.

Utilizando como titulo la palabra «peligro» *hatari* –en lengua *kiswhahili*– el séptimo arte también rindió pleitesía a los zoológicos con una película estadounidense producida en 1962, dirigida por Howard Hawks y protagonizada nada menos que por John Wayne que en su testosterónico papel dirigía a un aguerrido equipo de cazadores que capturaban animales salvajes vivos para abastecer diferentes parques zoológicos internacionales.

Aquella película se rodó en el Parque Nacional de Arusha, en Tanzania, que en aquellos años contaba con la mayor población de rinocerontes de toda África. Hoy, al mismo ritmo que los zoológicos han ido proliferando por todo el mundo, aquellas sabanas se fueron vaciando de emblemáticas especies como el gran *kifaru* –rinoceronte negro en *kiswahili*–.

Las especies se fueron extinguiendo tanto por la captura en vivo de especímenes destinados al lucrativo negocio de la exhibición como por la caza igualmente nociva, y esto ha sido así hasta nuestros días, aunque afortunadamente se ha generado en paralelo una corriente de opinión en contra de estos inhumanos negocios que ha hecho valer una serie de códigos éticos. En la actualidad, estos códigos han llegado incluso a crear jurisprudencia conservacionista con respecto a los zoos y a sus huéspedes. El caso más reciente e influyente es el de Sandra, una orangutana encerrada durante más de cuarenta años en el parque zoológico de Buenos Aires y a la que gracias a la sensibilidad y a la lucha animalista,

Zoológico de Regent's Park, Londres, 1835.

pero no tan solo animalista, se le han reconocido una serie de derechos, incompatibles con su existencia como ser sintiente en cautividad. Tal reconocimiento supuso ser considerada por un juzgado como persona no humana o sea un ser vivo con sentimientos, capaz de tener una idea sobre sí mismo y por tanto sujeto de derecho y no una cosa sin sentimientos, como así fue insensiblemente tratada durante mas cuarenta años.

Vamos juntos por eso, en homenaje a Sandra y en representación de todos aquellos animales que fueron vejados hasta su muerte en los zoológicos del mundo, a repasar en este texto la historia de esta unión forzosa entre animales y personas, mucho antes de que la dimensión ética de las sociedades humanas se interpusiera en su lógica ilógica. La clave seguramente esté en aceptar que todos los animales, y especialmente aquellos que presentan un sistema nervioso central, además de instintos albergan sentimientos, pero para llegar a esa conclusión e incorporarla como parte fundamental del debate tendremos antes que aceptar abandonar la posición supremacista de nuestra especie, considerada desde el principio la única racional y además directamente emparentada con Dios.

En este libro repasaremos algunos casos pocos conocidos, cómo fueron los orígenes con los que viajaremos varios siglos atrás, y por otra parte, también nos sumergiremos en el lodazal pestilente del negocio de aquellas exhibiciones itinerantes por toda Europa, de seres humanos casi siempre de procedencia indígena, exhibidos como si fueran animales y que hasta hace bien poco aún eran pasto de las miradas obscenas de miles de *ciudadanos de bien* de ciudades como Madrid o Barcelona, París, Bruselas o Londres.

Y así llegaremos a la necesaria reflexión final pues en la sociedad occidental a la que yo pertenezco siempre encontraremos personas incapaces de cuestionarse algo a nivel moral pero sí capaces de entregarse al divertimento y disfrute superficial (desde la frivolidad más estremecedora de la *beautiful people*) de los zoológicos tanto de animales como de personas consideradas animales o incluso anormales.

Al respecto, es evidente que lo que de verdad necesitamos, es por tanto la intervención de las instituciones de los estados junto a una normativa cada vez más sensible al respecto que consiga situar a los animales en el centro del necesario debate animalista que debieran enfrentar todas las sociedades decentes y civilizadas. Esto debería incluir también el debate sobre los humanos vejados para hacer valer definitivamente la Declaración

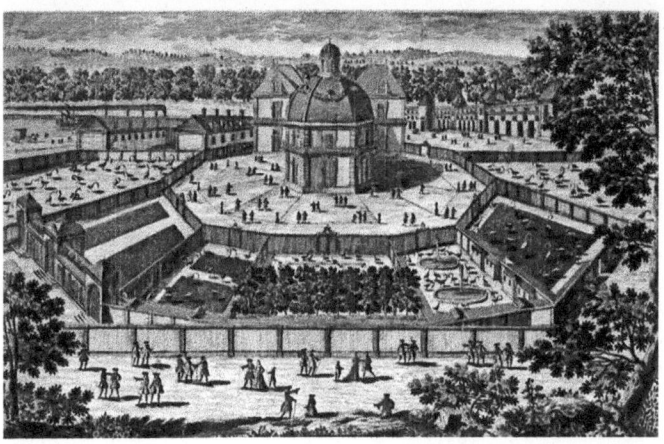

Parte trasera de la *Ménagerie* de Versalles durante el reinado de Luis XIV (1643-1715). Autor: D'Aveline (s. XVIII).

Universal de los Derechos Humanos como autentica coraza normativa y legal que evite por siempre otra vuelta atrás, ya sin clasismo ni racismo.

Mucho hemos avanzado aunque, seguramente, no con la velocidad que hubiéramos querido. El caso es que hoy los zoológicos en España se rigen por legislaciones de origen europeo y de orden estatal, a saber:

- **Normativa comunitaria**
  Directiva 1999/22/CE, relativa a la conservación de los animales silvestres en los parques zoológicos.

- **Normativa estatal**
  Ley 31/2003, de 27 de octubre, de conservación de la fauna silvestre en los parques zoológicos.

Ley 42/2007, de 13 de diciembre, del patrimonio natural y de la biodiversidad.

Real Decreto 1333/2006, de 21 de noviembre, por el que se regula el destino de los especímenes decomisados de las especies amenazadas de fauna y flora silvestres protegidas mediante el control de su comercio.

También a nivel mundial y con la intención de evitar y controlar el trafico y comercio de especies de fauna silvestre, y especialmente aquellas cuyas poblaciones podamos considerar en peligro de extinción, pero nada que ver con el bienestar animal, tendremos la vigilancia del CITES, corroborado por numerosos países del mundo con la firma del Tratado de Washington al que en la actualidad ya se han adherido 183 países.

Este tratado entró en vigor el 1 de julio de 1975 y considero imprescindible exigir a nuestros gobiernos legislaciones especialmente incisivas con respecto a la salud mental de los animales en cautividad, así como con su bienestar. Esta no es solo una cuestión científica o técnica, es sobre todo, ética y moral, evitando por siempre el comercio o intercambio entre centros de especímenes capturados en la naturaleza, pues no olvidemos que, por ejemplo, por cada cachorro de gorila capturado vivo en la selva, al menos han muerto una media de 10 gorilas adultos que lo protegían en el momento de la captura.

Por tanto, únicamente ha de admitirse la cría en cautividad aunque con sumo cuidado, pues a veces ella es la excusa perfecta para perpetuar la existencia de los zoos. Esta permanencia se da y no deberíamos olvidar los muchos casos en los que, por ejemplo, los grandes felinos llegan a devorar a sus propias crías una vez paridas en el zoológico. La última vez pasó con la leona Kigali en el zoológico de Leipzig (Alemania) y hoy, aunque se cree que el suceso en el que Kigali mató y se comió a sus tres cachorros a los dos días de haberlos parido está relacionado con la vida en cautividad, aún continúa la investigación. Una actitud tan antinatural no cabe duda de que está marcada por un comportamiento evidentemente psicótico, a veces abocado a un filicidio insoportable, al haber detectado la madre errores congénitos en la salud de su recién nacido, por lo que decide acabar con su vida ante el sombrío futuro que le plantea una indeseable vida en cautiverio, plagada de estrés y sin expectativa biológica alguna.

2

LES MENAGÉRIES, EN EL ORIGEN

MENAGÉRIE es un término del idioma francés que en español podría traducirse como «casa de fieras», «exhibición de fieras» o «albergue de fieras» y que designa a un establecimiento histórico edificado y destinado a albergar y presentar animales salvajes en cautividad bajo tutela humana. Por lo general, los animales allí exhibidos en su mayoría eran especies exóticas para los lugares en los que se encontraban.

Estos establecimientos fueron los predecesores de los parques zoológicos modernos. Aunque no podemos olvidar su origen privado, pues casi siempre las *menagéries* fueron colecciones fundamentalmente vinculadas a las monarquías formando parte de la pesada estructura de ostentación de lo que hoy llamamos patrimonio real, debemos admitir que a lo largo del tiempo se han dado unos cambios esenciales, al menos en el plano filosófico, porque en el origen de su creación y establecimiento sobre todo representaban la admiración ante la virginidad y la silvestre naturaleza de las diferentes geografías del planeta.

En este sentido, la *Encyclopédie methódique* de 1782, definía una *menagérie* como «*établissement de luxe et de curiosité*» (establecimiento de lujo y curiosidad), entendiendo curiosidad no solamente como rareza si no como materia y objeto de estudio y deleite. Pero más pronto que tarde, la codicia y un cierto narcisismo se apartaron del aspecto cultural y filantrópico para entregarse de lleno primero a la propiedad privada, tan asociada a la innata acumulación excesiva de bienes y elementos ornamentales para elevar así la riqueza, y luego a la engreída ostentación sin más, causante de la cosificación de tantos seres vivos y, finalmente, al negocio puro y duro.

Como prueba de todo ello diré que a principios del siglo XVII en Francia el término *menagérie* comenzó a usarse para referirse también a la gestión de una granja o al manejo de animales domésticos y más tarde pasó de forma definitiva principalmente a designar a una colección de animales que pertenecían o dependían de un rey o de un aristócrata. El mayor ejemplo de ello en toda la historia mundial después del periodo faraónico del antiguo Egipto lo encontraremos inequívocamente en la Menagérie Royale de Versalles creada personalmente por el rey Luis XIV, el rey Sol, y encargada en 1663 al arquitecto Louis Le Vau. El esplendoroso trabajo y el diseño reunieron sin duda la colección privada real de animales vivos más vistosa y de mayor enjundia que podamos imaginar y que además contagió a otras monarquías europeas pues el monarca francés solo tenía un propósito: deslumbrar, como el sol al que creía representar, a todos los humanos que enfrentara.

El hecho de relacionar poder con la tenencia de animales exóticos quedó grabado a fuego en Versalles, al mostrar con fines claramente políticos el poderío del rey, y por tanto de Francia, que ordenó a tal fin que le trajeran todo tipo de especímenes pertenecientes a distintas especies exóticas para lo que utilizó a su mejor aliada: la Compañía Francesa de las Indias Orientales. De esta manera consiguió poner los dientes largos a los borbones, que no tardaron en copiar tan afrancesada tendencia replicando con éxito, y algún sonoro fracaso, la implantación de distintas *menagérie* en los reales sitios como La Granja de San Ildefonso (Segovia) o el Real Sitio de Aranjuez (Madrid).

De este modo comprobamos cómo las casas reales además de intercambiarse miembros humanos, mujeres y hombres, para estrechar lazos sanguíneos y apuntalar más si cabe su poderío sobre los pueblos que reinaban, se intercambiaron también especímenes de animales pertenecientes a geografías lejanas, creando diferentes núcleos zoológicos privados.

Aunque no había ninguna intencionalidad pedagógica de cara al pueblo, las *menagéries* fueron creadas no solo para el gozo de las familias reales y de sus invitado sino también y fundamentalmente como establecimientos exhibicionistas que proyectaran una imagen de poderío sofisticado difícil de igualar.

Bien lo supo definir por aquellos años de relumbrón el italiano Matarazzo, humanista y afamado cronista de su época con la siguiente definición:

> «La magnificencia de un gran señor se ve entre otras cosas en la cantidad de animales extraños que posea al margen de las aves de cetrería o los perros y caballos utilizados en labores cinegéticas, así como en la calidad y cantidad de los bufones y músicos que amenicen sus fiestas».

Con los años, las *menagéries* pasaron a referirse a colecciones de animales itinerantes (es decir, puro negocio a base de la vida de miles de animales secuestrados y encarcelados contra su voluntad) que iban de gira a través de Europa y América mostrándose ante diferentes públicos bajo la denominación de fieras y/o animales curiosos sin más.

3

UN ELEFANTE EN ARANJUEZ

_____

En el siglo XVIII, el Real Sitio de Aranjuez era un bello intento de réplica versallesca, un lugar elegido como estival residencia monárquica tanto por sus cualidades ecosistémicas como cazadero real, con multitud de especies de fauna autóctona, como por la poderosa influencia fluvial de la vega del Tajo con sus paradigmáticas arboledas, y todo ello a pocos kilómetros de la capital del reino.

El inicio de la construcción de esta espectacular villa regia se lo debemos a Felipe II, sucedido en el proyecto por su hijo Felipe III y rematado todo el conjunto por Carlos III. Este monarca, muy viajado e ilustrado y enemigo del maltrato a los animales como divertimento a pesar de ser un compulsivo cazador, generó un cambio radical en toda el área del palacio.

Bajo el mandato de Carlos III el enfoque feroz y sanguinario que se les daba a las *ménageries*, también denominadas casas de fieras en las que se desarrollaban practicas desalmadas, como por ejemplo, los duelos a muerte entre animales de diferentes especies (muy del gusto de la sociedad de la época), fue remitiendo aunque muy lentamente pues aún hubo que lamentar, a pesar de no ser del gusto del rey, la muerte de cientos de animales. Esto fue así a pesar de que la *menagérie* erigida en Aranjuez tuvo una intención desde el principio científica e incluso utilitaria con la búsqueda de aspectos más humanistas y prácticos como el desarrollo de actividades agropecuarias modernizadas mediante la utilización de nuevos animales venidos de otros mundos, sin dejar de lado la admiración que se proyectaba con la propia exhibición del reino animal.

Poco a poco fueron llegando a Aranjuez animales de todo el planeta, tomando relevancia como zona de importación de animales, tanto el norte de África por su cercanía, como los territorios de ultramar en los que España tenía relevancia e influencia. Poco a poco, fauna productiva u ornamental solamente fue acondicionándose en Aranjuez, por ejemplo, el búfalo asiático o búfalo de agua para la producción de leche de búfala con la que fabricar el graso y sabroso queso de mozzarella, o alpacas, llamas y vicuñas para la producción de vellosidad y lana especial con la que abastecer la Real Fábrica de Tapices e innovar así los tejidos derivados de la lana de ovino.

Siendo el rey Carlos III fuertemente influenciado por la vida y costumbres cortesanas de la Europa en la que se formó y vivió, decidió personalmente hacerse cargo de una gran *menagérie*, la suya, para demostrar así al mundo el gran poder de la corona borbónica porque sin una casa de fieras era inconcebible prosperidad palaciega alguna. A la dicha *menagérie* fue incorporando multitud de especímenes de varias especies, por vez primera vistas en la Península Ibérica, de entre los que hemos de resaltar, y no solamente por su tamaño, un proboscídeo que como seguidamente veremos gracias a la pormenorizada bibliografía que hay al respecto, se hizo famoso por motivos como la larga travesía que tuvo que recorrer y protagonizar hasta poner sus patas en la provincia de Madrid.

Para empezar, lo primero que hemos de referir aquí es que el rey conoce de primera mano los cuidados que supone tener un paquidermo, pues este no es el primer elefante que le regalan, ya que siendo el rey de Nápoles, desde Turquía también le obsequiaron con uno al que sacaba a desfilar en cualquier efeméride patriótica. Pero ahora estamos ubicados muchos años después, en uno de los muelles del puerto de Manila (Filipinas), donde hay atracada y recogiendo amarras y cabos una pequeña fragata militar llamada «Venus», al mando de la cual está el experimentado marino don Juan de Lángara.

Estamos a 23 de enero de 1773, y la fragata lleva a bordo un elefante asiático (*Elephas maximus*), regalo personal al rey del gobernador de Filipinas don Simón de Anda y Salazar, que a su vez lo recibió de Muhhamad Alí Khan príncipe de Arkot, región legendaria del sur de la India. Ese barco después de 180 días de navegación hizo historia porque surcó las procelosas aguas de varios océanos y mares, y entre otros hitos cartográficos, la nave cruzó con un elefante a bordo el mar de la China, el golfo de Bengala y el canal de Buena Esperanza, arribando el 22 de julio de 1773 a la isla española de León (Cádiz). Entonces, la tripulación emprendió desde ese momento a pie una peculiar travesía por tierra, periplo que se desarrolló desde las costas andaluzas en dirección norte, primero hasta La Granja de San Ildefonso, en la provincia de Segovia, y después, como destino definitivo, hasta Aranjuez. Durante todo el trayecto por tierra española este desfile debió de suponer un espectáculo inesperado para cualquier ciudadano que se lo cruzara en su camino.

La asombrosa comitiva tardó 42 días en cubrir el itinerario pasando por diferentes municipios y localidades entre ellas Córdoba, Valdepeñas, Ocaña, Carabanchel, Aravaca y finalmente Aranjuez «caminando a razón de tres leguas castellanas, unos 6,7 kilómetros por jornada» según ha relatado el historiador Gabriel Sánchez Espinosa al estudiar a fondo esta peculiar historia.

El paquidermo estuvo en todo momento custodiado por un cuidador malabar, originario del suroeste de la India, y venido desde tan lejos con tal finalidad. El coste de la operación ascendió a 32.576 reales y 5 maravedís (un dineral para la época, lógico e incuestionable tratándose de un capricho personal del rey).

Muchas son las anécdotas que se dieron en el camino y que, de algún modo, fueron recogidas en una obra de autor anónimo que hace las delicias de cualquier amante de la historia costumbrista. El caso es que desde que el paquidermo salió del puerto de Manila fue sufriendo y enfermando poco a poco a pesar de estar cuidado muy estrechamente por dos cuidadores filipinos rebautizados para la ocasión con los nombres de José Espino y Francisco de la Cruz, además del cuidador malabar ya citado.

Las patas de nuestro elefante sufrieron mucho, sin duda, acostumbrado el animal como estaba a caminar

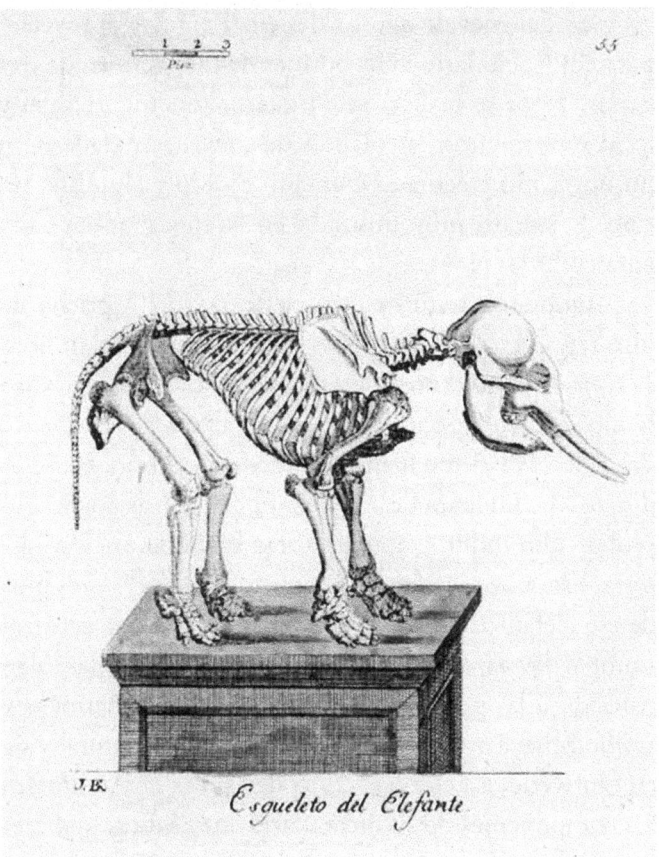

Esqueleto del Elefante

Imagen del elefante que aparecen en la *Colección de láminas que representan los animales y monstruos del Real Gabinete de Historia Natural de Madrid* de Juan Bautista Bru (1784).

por todo tipo de trochas selváticas y húmedas y no por andurriales tan resecos como los andaluces en pleno verano. De hecho en Écija, *«la sartén de España»*, llamada así por las altas temperaturas alcanzadas en verano, donde la comitiva estuvo asentada durante los días 26,

27 y 28 del mes de agosto de aquel año, se aprovechó para confeccionarle unos botines de piel de toro de tres suelas. Estos se realizaron en guarnicionería artesana y local y se trataron las plantas de sus extremidades con un ungüento efectuado con vino cocido y alumbre, un tipo de sulfato muy utilizado en la época, sobre todo para curar las viñas.

Aunque se trató de otro elefante y del capricho de otro rey, el escritor portugués José Saramago en su libro *El viaje del elefante* nos relata una peripecia gemela de otro tiempo y otro espacio, en resumen, algo así: a mediados del siglo XVI el rey Juan III ofrece a su primo, el archiduque Maximiliano de Austria, un elefante asiático, otro proboscidio indio, como el protagonista de nuestra historia. Esta novela del gran Saramago cuenta el viaje épico de ese elefante llamado Salomón que tuvo que recorrer Europa por caprichos reales y absurdas estrategias, algo parecido a las peripecias de nuestro elefante marinero y sin nombre. La verdad es que fueron la antinatural vida en cautiverio, así como el clima de la vega de Aranjuez o los componentes de su dieta diaria, los factores que aceleraron la muerte prematura del elefante. Cuando llegó al Real Sitio de Aranjuez, según relataron los cuidadores hindúes y filipinos que vinieron con él, el animal contaba con cinco años y medio de edad y tan solo vivió 6 años más. Fue ubicado en la Casa de Vacas en compañía de otros ejemplares todos ellos provenientes de Filipinas e incapaces de soportar su vida en cautividad: concretamente un ejemplar muy jovencito, que murió a las pocas semanas de llegar a Aranjuez, y una hembra también muerta prematuramente y en muy malas condiciones.

Nuestro elefante solo aguanta 6 años más y fallece la noche del 16 de noviembre de 1777, quiero suponer que entre otras cosas de frio ya que el riguroso invierno continental e ibérico debió de azotar sin compasión a seres venidos de tan lejanas latitudes. Por cierto, si hoy visitas el Real Gabinete de Historia Natural del Museo Nacional de Ciencias Naturales, lo veras allí disecado por Francisco Dávila, insigne taxidermista de aquellos años.

El caso es comprobar, lo que ya intuíamos, que cualquier fracaso en esta materia se cuantificaba en el número de animales muertos. Como hemos sabido, además de otras especies, varios elefantes murieron en el Real Sitio, muy alejados de sus selvas originarias, ¡¡¡Y no hay derecho!!!

4

PASTEL DE CARNE DE CAMELLO

ARANJUEZ contó con el primer ejemplar de bisonte europeo, denominado en aquellos años *cíbola*, y llegado a España seguramente desde Polonia o la actual Bielorrusia, únicos países de Europa donde aún existen poblaciones silvestres de bisontes europeos. Junto a él otros curiosos herbívoros, como las cebras, también se hicieron su hueco en los sotos a orillas del rio Tajo.

El Real Sitio de Aranjuez, además de por su belleza patrimonial, fue conocido en medio mundo también por su camellada, una peculiar cabaña formada en sus mejores tiempos por hasta 200 dromedarios, mal llamados camellos pues solo tenían una joroba y no dos como presenta el auténtico camello bactriano. El caso es que como resultado del sentido utilitario que Carlos III quiso imprimirle a la *menagérie* real española, la presencia de este camélido en Aranjuez aportó innovación en el transporte porque al no poseer cascos, y por tanto no ir herrado con metal, no dejaba huella en los parterres que rodeaban el palacio. Además, como ya es sabido, estaba su capacidad de consumir poca agua y escaso alimento junto con un remate que parecerá baladí pero que fue muy valorado en la época, que los dromedarios tienen la costumbre de replegarse en una suerte de genuflexión, en el proceso de carga, lo que facilitaba enormemente las labores de monta con relación a los caballos de toda la vida.

Es decir, que con el paso del tiempo en Aranjuez fue prosperando una cabaña bastante llamativa de dromedarios, modernas y extrañas acémilas, hasta bien entrado el siglo XVII. ¡Quién lo diría! Llegó este camélido a reproducirse con normalidad a orillas del Tajo en la medida en que la cabaña iba prosperando con nuevos animales importados por el propio rey de tierras argelinas como quedó tan documentado en los puertos de los mismísimos Argel u Oran.

Pero poco a poco fueron pereciendo y desapareciendo por el sumidero de la desidia y la desatención. Impresionaban tanto estas africanas criaturas a los oriundos ribereños, que dejaron de ser tan solo animales de zoológico y objeto de curiosidad y admiración y comenzaron a ser cazados como piezas cinegéticas de gran rango y nivel —o mismo legal que ilegalmente, el caso era matarlos—.

Una breve línea cronológica nos permitirá entender cómo arraigó esta especie venida desde antiguo de tierras desertícolas, pues documentado está que en 1583 había únicamente una decena, hacia 1598 rondaban ya los cuarenta y se les había construido una caballeriza, una edificación *ex profeso* en Alpajés para resguardarles del frío invernal. Eso les hizo reproducirse vigorosamente hasta el punto de que en 1652 el mayoral encargado de su cuidado certificaba la existencia de 140 cabezas entre adultos y crías y, a finales de ese mismo siglo, la camellada debió de alcanzar ya los 200 ejemplares, cifra

Elefante.

Imagen del elefante que aparecen en la Colección
de láminas que representan los animales y
monstruos del Real Gabinete de Historia Natural de
Madrid de Juan Bautista Bru (1784).

que coinciden en apuntar varios viajeros que visitaron
palacio en aquellos años.

Los dromedarios sobrevivieron a los excesos de las
diversiones cortesanas basadas muchas de ellas en el

maltrato animal, a la caza furtiva que practicaban los vecinos de las inmediaciones del real sitio e incluso a los saqueos cometidos por las tropas del Archiduque de Austria quienes, aunque sólo se llevaron consigo una pareja cuando ocuparon el palacio en 1710, hicieron sufrir en demasía a los animales estrella del real sitio, según relata Álvarez de Quindós.

A pesar de la persistente negativa por parte del rey con un cierto criterio animalista de época, este acabó permitiendo y cediendo algunos ejemplares para que combatieran a muerte contra perros de presa u otros animales en unos espectáculos dantescos que se desarrollaban por aquellas fechas en Aranjuez. En otras ocasiones los dromedarios eran abatidos por la propia familia real que se parapetaba en las islas del rio y sencillamente tenían que esperar a que los pobres animales aparecieran huyendo a nado hacia sus privilegiadas posiciones después de haber sido empujados hasta el rio, por unas cuantas decenas de ojeadores y vasallos con sus perros.

Entonces, prácticamente a quemarropa, se los tiroteaba con arcabuces de caza y se convertía la *menagérie* original en una infame carnicería para niños bien, psicópatas acostumbrados a reírse y disfrutar ante la muerte de un animal. Incluso sucedió en varias ocasiones que a pesar de que el rey personalmente prohibió la caza de dromedarios bajo la amenaza de sanciones severas, además de los cazadores oficiales, miembros de la familia real, sobre todo también actuaron los furtivos. Y por ello encontramos explicación a la existencia en más de una pastelería de la localidad toledana de Ocaña de un pastel de gran éxito entre el público de aquella época: el pastel de carne de camello de Aranjuez. *Delicatessen* de la época que proveía de recursos económicos a más de una familia de furtivos.

Así poco a poco, con la inmunodeficiencia asociada a la vida en cautividad y al estrés proveniente de la persecución a la que los sometían para ser cazados, los dromedarios de la menagérie real de Aranjuez fueron enfermando, primero con sucesivos brotes de sarna, seguramente contagiada por ovejas y cabras, y posteriormente con la letal surra, auténtico cáncer tanto para dromedarios como para camellos bactrianos. Esta enfermedad era transmitida por las picaduras de algunas especies de tábanos que a modo de peste de los camélidos mataban sin compasión. Tras casi tres siglos de presencia en Aranjuez, en 1742 la camellada se había extinguido.

El hecho cierto es que a principios de 1800 ya no quedaba ni un dromedario en Aranjuez. Tan solo su leyenda vagaba por aquellos sotos, como recuerdo de lo que fue: el sueño animal de un monarca español. Muchas veces hemos de soportar las pacatas y simplistas críticas al movimiento animalista que argumentan que la defensa del bienestar animal es una cuestión ideológica. Y yo digo ¡pues claro que lo es!, como cualquier tema importante en la vida porque, por ejemplo, a mí, esta fracasada aventura camellera en la que se juega tan alegremente con la vida de los animales me parece propia de una cultura ideológica con la que desde luego yo no me identifico en absoluto.

5

NUEVO MUNDO, FAUNA NUEVA

SIN duda, el encuentro de Cristóbal Colón con el Nuevo Mundo aportó una nueva fauna para los ojos de cualquier habitante de este viejo y conocido escenario. La propia manera de presentar en sociedad esa biodiversidad novedosa ya conllevaba un espíritu exhibicionista, precursor de lo que hoy conocemos como zoológicos. Un testigo excepcional de la epopeya colombina, Bartolomé de las Casas, escribió al final del sumario que realizó del *Diario de a bordo* que la intención primera de Colón a su vuelta del primer viaje, era ir en barco desde Sevilla a Barcelona, el medio de transporte más seguro y rápido de entonces, a comunicar a los Reyes Católicos, el resultado de su expedición:

> *Estaba de propósito de yr a Barçilona por la mar, en la qual çiudad le daban nuevas que sus Altezas estaban, y esto para les hazer relación de todo su viaje que Nuestro Señor le avía dexado hazer y le quiso alumbrar en él.*

Sin embargo, el mismo autor, en su *Historia de las Indias* (Lib. I, Capítulo LXXVIII), afirmó que hubo un cambio de planes y que acabó viajando por tierra:

73

Despachado el correo, D. Cristóbal colon, ya Almirante, con el mejor aderezo que pudo, se partió de Sevilla llevando consigo los indios, que fueron siete los que le habían quedado de los trabajos pasados, porque los demás se le habían muerto; los cuales yo vi entonces en Sevilla, y posaban junto al arco que se dice de las Imágenes, á Sant Nicolás. Llevó papagayos verdes muy hermosos y colorados, y guayças, que eran unas carátulas hechas de pedrería de huesos de pescado, á manera puesto de aljófar, y unos cintos de lo mismo fabricado por artificio admirable; con mucha cantidad y muestras de oro finísimo, y otras muchas cosas, nunca otras antes vistas en España ni oídas.

Y prosiguió explicando que la fama le acompañó todo el viaje:

Despachóse de Sevilla con los indios, y con lo demás. Tanto comenzó la fama á volar por Castilla, que se habían descubierto tierras que se llamaban las Indias, y gentes tantas y tan diversas, y cosas novísimas, y que por tal camino venia el que las descubrió y traía consigo de aquella gente; no solamente de los pueblos por donde pasaba salía el mundo á lo ver, pero muchos de los pueblos, del camino por donde venia, remoto, se vaciaban, y se hinchían los caminos para irlo á ver, y adelantarse á los pueblos á recibirlo... (Las Casas *Libro I Capítulo LXXVIII*, p. 332)

Colón se desplazaría por los pueblos castellanos orgulloso de poder mostrar los resultados de su viaje a través de la parafernalia que le acompañaba y por la expectación que su grupo producía allí por donde pasaba. Y De las Casas escribió:

> *Dióse la priesa que más pudo para llegar a Barcelona, a donde llegó mediado abril, y los reyes estaban harto solícitos de ver a su persona; y sabido que llegaba, mandáronle hacer un solemne y muy hermoso recibimiento, para el cual salió toda la gente y toda la ciudad, que no cabían por las calles, admirados todos de ver aquella venerada persona ser de la que se decía haber descubierto otro mundo...*

El almirante Cristóbal Colón estuvo muy ligado a los Reyes Católicos por diferentes motivos archiconocidos por ser estos patrocinadores principales de sus viajes y travesías. Pero además, como buen navegante, el genovés era devoto al igual que ellos de la Virgen de Guadalupe y por tanto tuvo que hacer acto de presencia en el Monasterio de Guadalupe en cuatro ocasiones con motivo de su empresa al encuentro de América. Las fechas que quedaron señaladas en los anales de la historia de la institución monacal son las siguientes: la primera, los días 5 y 6 de abril de 1496, ocasión en que Colón entregó a los monjes un guacamayo precioso, sin duda la primera psitácida mantenida en cautividad de toda Europa y a la que cuidarían con deleite hasta su muerte. La segunda fue el 21 de abril de 1496.

En 1496, tras su segundo viaje, Colón visitó una vez más la extremeña ubicación mariana pero en este caso no portando fauna exótica sino seres humanos exóticos porque el almirante traía consigo a dos indígenas taínos y, además de los papagayos, alguna cutía (pequeño roedor sudamericano a la que se confundía con conejos de orejas cortas). Los indígenas fueron bautizados con los nombres de Cristóbal y Pedro en la pila de granito de las

Villuercas que hoy se encuentra en la fuente de la plaza de Santa María.

Prácticamente un siglo después e igualmente proveniente de allende los mares, Hernán Cortes también visitó el Monasterio de Guadalupe por cuestiones igualmente zoológicas. En este sentido sabemos que igualmente pasó por el Monasterio de Guadalupe en 1528, no acompañado de ningún animal exótico, para cumplir su promesa de darle personalmente las gracias a la Virgen por haberle salvado la vida tras la picadura de un ponzoñoso alacrán mexicano, tal y como nos relata el cronista Bernal Díaz del Castillo.

El caso es que, tras haber ampliado los límites del Viejo Mundo, los españoles con sus expediciones entraron a completar por la puerta de la sugestión el listado de especies de la fauna conocida incorporando indistintamente guacamayos, escorpiones, jaguares o anacondas.

EL GATO DEL CID CAMPEADOR

E SCRITO hacia el año 1200, este cantar de gesta viene a relatar la vida, y no solo a nivel bélico y épico, del héroe de la época. De autoría anónima, el «Cantar de Mío Cid» viene a narrarnos la vida del gran señor Rodrigo Díaz de Vivar, del que podíamos intuir habilidades o proezas en el campo de batalla, pero ni mucho menos imaginábamos su admiración por los grandes felinos. Es en el tercer cantar en el que descubrimos que el Cid Campeador poseía un león adulto en cautividad, animal que, junto con sus halcones y azores para la cetrería de altos y bajos vuelos, fue glosado como vemos con la finalidad primera de otorgar al señor, según los criterios de la época, mayor importancia y rango social ya que un león no lo tenía cualquiera.

Podemos aventurarnos a intentar saber mucho más de lo que se nos cuenta en el texto clásico de soslayo, e incluso me atrevo a identificar a la especie a la que pertenecía aquel gato del Campeador. Muy posiblemente se trataba de un ejemplar macho de león de Berbería, el león del Atlas, de gran y poblada melena negra, bastante famoso y celebre a lo largo de la historia en la Península Ibérica. Y me atrevo a decir que en toda Europa, ya que por ejemplo, esta especie se extingue por el insaciable uso que de él se hace en los circos romanos, donde el mayor espectáculo, ampliamente valorado por el público, consistía en enfrentarles a los gladiadores que luchaban con ellos por sobrevivir, en el *coliseum*. Este felino sí que resulta ser el rey de la selva, pues vive emboscado en el Atlas en bosques de cedros plateados y no se le conoce ninguna población viviendo en sabanas. Durante varios siglos, el Imperio romano capturó en aquellos bosques de montaña a miles de ejemplares, no para vida de zoo, pero sí para el divertimento de la incorregible sociedad del pan y circo predecesora de la *beautiful people* de nuestros días.

Todos los cesares, admirados ante la belleza y fiereza de aquellos leones del Magreb, quisieron tener su propio león y así comenzó el tráfico de leones del Atlas —también llamados leones de Berbería—, dentro de la aristocracia romana. Por ejemplo, Pompeyo y Julio César, tuvieron cada uno varios leones de esta emblemática especie en cautividad. Y ese fue el principio del fin de la especie, pues se irían sucediendo en el tiempo las dinastías y los sátrapas, como Hassan II, en el propio reino de Marruecos que, por cuestión de imagen y poderío, decidieron capturar en libertad y enjaular y mantener cautivos en palacio a estos bellos felinos hasta extinguirlos definitivamente en su medio natural, los bosques de montaña del Atlas. Bioma insólito para un superdepredador, así hasta el punto de haber confirmado hoy que su gran masa muscular y adiposa, lo que le otorgaba uno de los mayores tamaños de todos los tiempos para una subespecie de *Panthera leo*, tuvo que ver con el hecho de habitar uno de los rincones más gélidos del continente africano. Aun siendo el verdadero y único rey de la selva, sabemos cuándo y cómo desapareció definitivamente del paisaje que le vio nacer.

El cóctel irresistible de cautividad en zoológico y caza, e incluso el mismo y torpe pretexto con el que los chinos están acabando hoy con el tigre al traficar con sus huesos –ya los galenos antiguos de Marruecos aseguraban su eficacia como afrodisiaco– fue determinante en la sociedad de aquellos años que se empleó a fondo en borrar definitivamente de la faz de la tierra ese imponente animal.

Algunas fuentes apuntan a que el último león del Atlas en libertad fue un macho que murió tiroteado en 1922, mientras que hay expertos que aseguran que el último ejemplar del que se tiene constancia cayó abatido en 1942 cerca de Marrakech. En cualquier caso, lo cierto es que los lugareños, hasta la primera mitad de la década de los 40, manifestaban haber visto de vez en cuando algún ejemplar en libertad –evidentemente su leyenda le sobrevivió como suele pasar con los grandes–. Después, llegó el silencio. Nadie volvió a ver nunca a un león del Atlas hasta que en el mítico vuelo del correo postal francés transahariano que cubría la ruta Casablanca-Dakar en 1925, el fotógrafo Marcelin Flandrin –que iba a bordo– logró capturar la última imagen que se tiene del león del Atlas en libertad. Ya que incluso por aquellas fechas en Marruecos solo sobrevivían a duras penas los leones en los zoológicos del propio rey Hassan II y así fue hasta la muerte de ese sátrapa.

En 1925, durante un vuelo del Servicio Aeropostal Francés entre Casablanca y Dakar, Marcelin Flandrin consiguió fotografiar un león del Atlas que se creía extinto.

Seguidamente releamos juntos el episodio en el que, en el Cantar de mío Cid, se refieren a dicho león. Es verdad que la atmosfera reflejada en el texto es irónica y casi humorística seguramente con el objeto principal de resaltar la cobardía de los Infantes de Carrión, a la postre yernos del Cid, y por el contrario la valentía del Campeador al enfrentarse directamente al león y devolverle a la cautividad de su propia hacienda.

> *El Cid campeador tiene un león en Valencia con los suyos*
> *vivía el Campeador;*
> *con él estaban sus yernos, Infantes de Carrión.*
> *Un día que el Cid dormía en su escaño, sin temor,*
> *un mal sobresalto entonces, sabed les aconteció:*
> *Escapose de una jaula, saliendo fuera, un león.*

Los que estaban en la Corte sintieron un gran temor;
recogiéronse sus mantos los del buen Campeador,
y rodean el escaño en guarda de su señor.
Allí Fernando González, Infante de Carrión,
ni en las salas ni en la torre donde esconderse encontró;
metiose bajo el escaño, tan grande fije su pavor.
Diego González, el otro, por la puerta se salió
diciendo con grandes gritos: ¡Ay, que no veré el Carrión!
Tras la viga de un lagar metiose con gran temor;
todo el manto y el brial sucios de allí los sacó.
En esto que se despierta el que en buen hora nació:
de sus mejores guerreros cercado el escaño vio:
—¿Qué pasa aquí, mis mesnadas? ¿Qué queréis? ¿Qué
    aconteció?
—Es que, mi señor honrado, un susto nos dio el león.
Apoyándose en el codo, en pie el Cid se levantó:
El manto se pone al cuello y encaminose al león.
La fiera, cuando vio al Cid al punto se avergonzó;
allí bajo la cabeza, y ante él su faz humilló.
Nuestro Cid Rodrigo Díaz por el cuello lo tomó,
y lo lleva de su diestra y en la jaula lo metió.
A maravilla lo tiene todo el que lo contempló.
Volviéronse hacia la sala donde tienen la reunión.
Por sus dos yernos Rodrigo preguntó, y no los halló;
aunque a gritos los llamaban, ni uno ni otro respon-
    dió,
y cuando los encontraron, los hallaron sin color.
No vieseis allí que burlas hubo en aquella ocasión.

Fue tradición de la recia Castilla la de mantener
en cautividad fieras de distintas procedencias, pero
eso no impidió que hubiera fugas y percances con
leones. Por ejemplo, en el bosque de Valsaín, en la
provincia de Segovia, no se cazaba por orden del rey

porque el excéntrico monarca Enrique IV pasaba jornadas y jornadas observando a sus animales en cautividad ya que llegó a construir allí una de las *menagérie* más interesantes y desconocidas de España. Tal obsesión llegó a tener el rey por su zoo particular que incluso médicos de prestigio, como el Dr. Marañón, que varios siglos después se encargaron de documentar *post mortem* las características morfológicas e incluso psíquicas del monarca, se atrevieron a hacer algunos comentarios reveladores ante determinadas acciones como la compra por el propio rey de tres grandes hachas para aclarar el bosque y poder observar correctamente a sus animales de noche, sin obstáculos, en aquel remoto valle.

Ante ello llegan a plantearse dos posibilidades en el análisis: o el rey mostraba «una excentricidad inocente» o quizás, algo evidentemente peor: «una desviación psíquica».

A todo esto, en pleno comportamiento obsesivo por sus animales por parte del rey, junto a la parroquia de San Martín, muy cerca de Segovia, en el Real sitio, el monarca mantiene una gran colección de felinos superdepredadores, sobre todo leones, entre los que sobrevive también un leopardo, regalado al rey por el mismísimo rey de Túnez. Pero todo ello conlleva el temor por parte de los vecinos que no se atreven a quejarse y que se materializa fehacientemente en 1462 cuando una de las leonas del rey se escapa, como narraba el mío Cid en el caso del león palaciego, y mata un burro de Juan de Riofrío, vecino de Segovia, mientras se hacían firmes las reticencias populares por el elevado costo diario que tenía la manutención del leopardo. En un entorno socioeconómico de pobreza y miseria generalizadas, la bella fiera se comía al día dos gallinas y un cuarto de carnero y eso el pueblo no lo podía aceptar con normalidad sobre todo considerando la gran cantidad de bocas que había que alimentar por capricho real. Además de los felinos llegaron a vivir cautivos en aquellas instalaciones castellanas hasta ocho osos pardos con un gasto mensual de 2.550 maravedíes. Aparte de la supuesta fiereza, otros comportamientos eran muy apreciados entre los animales exóticos. En este sentido, he de decir que la mascota más popular durante siglos fueron los monos o los simios de diferentes especies de origen indio, norteafricano y subsahariano. Objeto de comercio, los monos constituían un regalo preferente y muy estimado siendo profusamente plasmados en retratos, miniaturas y otros espacios artísticos. En los siglos medievales el género más común fue el del *cercopithecus*, conocido por su nombre vulgar de babuino o papión, o también el denominado mono verde (*Chlorocebus sabaeus*). En el caso de la Península Ibérica fue muy popular como ya sabemos hasta nuestros días la mona de Gibraltar (*Macacca sylvana*), probablemente la especie objeto del extraño regalo de un rey cristiano a otro musulmán. De Alfonso VI (1048-1109) al rey de la Taifa de Albarracín, *al Dawlan ibn Razin*, del que se hacen eco las crónicas de la época. El caso es que a lo largo de la historia los animales, mantenidos injustamente en cautividad, han sido moneda de cambio del poder y de los poderosos. Incluso muchas especies acabaron naturalizadas en territorios que les eran ajenos, como este macaco que además de mantener hoy en día una población estable en Gibraltar, debió en su momento de mantener otra en la sierra de Albarracín, pues era normal una reintroducción accidental de fauna alóctona y de entre ellos los primates fueron los más numerosos.

TAMBIÉN LEONES EN LONDRES

L A Torre de Londres es uno de los lugares más visitados de la capital de Inglaterra por los turistas. Una majestuosa edificación que a lo largo de su historia ha servido para albergar numerosísimas cosas: desde palacio y residencia real a prisión, lugar de torturas y castigos, almacén y fábrica de armas, guardar las joyas de la corona e incluso como improvisada casa de fieras (modo en el que antiguamente se conocía a los zoológicos, como ya sabemos).

Hoy en día aquellos visitantes que pasean por los interiores y jardines de la Torre de Londres pueden, en sus visitas a la ciudad del Thamesis, encontrarse con una serie de esculturas de tres leones, un elefante, varios monos o un oso polar, las cuales son representaciones de animales que a lo largo de la historia (entre los siglos XIII y XIX) tuvieron aquel lugar como hogar (en diferentes periodos y épocas).

Parece ser que la tradición del conocido como «The Tower of London Menagerie» (casa de fieras de la Torre de Londres) se inició en el año 1235 tras el enlace matrimonial entre Isabel de Inglaterra y Federico II de Hohenstaufen, emperador del Sacro Imperio Romano

La Torre de Londres albergó la colección real de
ménagerie en Inglaterra durante varios siglos. Poemas
de Charles, Duque de Orleans (1391–1465).
(British Library, ms. 16 folio 73).

Germánico. Éste regaló a Enrique III (rey de Inglaterra
y hermano de la contrayente) tres leones, que fueron
alojados en los jardines de la entonces residencia real.
Con el paso del tiempo, los tres felinos, regalados al rey
como presente de la boda de su hermana, tuvieron descendencia y esas camadas de nuevos leones a su vez si-
guieron procreando. Pero no fueron los únicos animales

que allí residieron, ya que en 1252 el rey Haakon IV de Noruega regaló a Enrique III un oso polar, el cual no campaba libre ya que fue atado en una de sus patas con una gruesa cadena y siempre usaba bozal (así se representa en la escultura conmemorativa hoy en día). Tres años después, el rey de Inglaterra recibiría otro singular regalo animal, esta vez un elefante africano por parte de su homólogo Luis IX de Francia. En definitiva, ya vemos cómo la tenencia de animales exóticos viene de lejos y al respecto ninguna casa real de la vieja Europa queda a salvo, siempre envuelto todo en una dinámica, continua y cotidiana de maltrato injustificado y sádico de cientos de animales como parte de la sádica diplomacia del aparentar a costa de las vidas animales. Por entonces aún como estamos viendo, la maldición de los césares seguía vigente para el león del Atlas, pues ciertos trabajos arqueológicos llevados a cabo varios siglos después nos demostrarían que aquel lote de leones regalados al rey pertenecía a la especie de Berbería.

En las prospecciones arqueológicas que se llevaron a cabo en 1936, aparecieron los cráneos de dos leones machos del Atlas que fueron encontrados por unos empleados en la fosa de la torre. Ambas calaveras fueron datadas entre 1280 y 1385 y dieron importantes pistas sobre las infames condiciones de vida de los animales que vivieron en aquel Londres de hace 700 años. Antes de que la Torre de Londres se ganase su mala fama como lugar de encarcelamiento y tortura de personas encerró en su interior a varios animales degradados. Era algo muy habitual en épocas pasadas que los monarcas recibieran como regalo animales exóticos y salvajes, pero no por ello deberían ser hacinados en auténticos campos de concentración. Toda casa real que se preciase tenía una casa de fieras y la de la monarquía británica estaba precisamente en la Torre de Londres, por lo que podemos considerar que la Royal Menagerie (casa de fieras real) de la Torre de Londres fue el primer zoológico de Londres.

No era raro ver allí elefantes, leones, tigres, canguros, avestruces e incluso un oso polar deambulando por el recinto como alma en pena.

Durante sucesivas excavaciones arqueológicas llevadas a cabo en el recinto fueron desenterrados numerosos restos óseos de león, algunos con malformaciones que demuestran las vergonzosas y deficientes condiciones en que vivieron. Presentaban los esqueletos incluso deformaciones que demostraban que había habido fracturas curadas defectuosamente o que habían recibido una inadecuada alimentación. Además entre los restos desenterrados aparecieron dos cráneos de león datados en el período medieval e identificados como leones del Atlas o leones de Berbería del norte de África, una especie extinta hoy en libertad –como ya apunté–, por culpa de la afición a tenerlos en cautividad. Esto se debió a que el África conocida era la del norte y no por ejemplo el África oriental, donde los leones capturados pertenecerían a subespecies keniatas o tanzanas, por ejemplo.

Pues bien, además de estas dos calaveras (que se mantienen actualmente en el Museo de Historia Natural de Londres) en las ruinas de la Torre de los Leones aparecieron también los cráneos de algunos perros

El elefante Jumbo y su cuidador Matthew Scott paseando
a los niños en el Zoológico de Londres. *The Illustrated
London News*, 1882.

mastines, lo que nos recuerda la tenebrosa instalación que llegó a ser aquella *ménagerie*. Este hallazgo no es del todo extraño porque se sabe que durante el reinado de Jaime I, entre 1603 y 1625, leones, osos y perros fueron utilizados para luchar entre sí para entretenimiento del personal, típicos divertimentos de la *beautiful people* en la real casa de fieras.

Fueron pasando los años y con ellos las remodelaciones regias anteriores a su cierre definitivo, dando lugar a episodios que muestran el desajuste natural que se da en una *menagérie* o cualquier zoológico, siempre con resultado de muerte y sufrimiento de los animales.

Uno de esos episodios dantescos tuvo lugar a raíz de la intervención del rey James I (1603-25) que hizo remodelar la guarida de los leones para que los visitantes pudieran ver a los animales merodeando por su patio circular. Mejoró las guaridas de los leones para que los visitantes pudieran mirar hacia abajo y ver la fosa en que los animales bebían agua y se bañaban. Pero en siglos posteriores, algunos de los felinos se enojaron con los que se acercaban demasiado y mutilaron e incluso mataron a los cuidadores, a guardias de la torre y a visitantes del zoológico. Es decir, que la ocurrencia regia tuvo sus nefastas consecuencias.

Había favoritos entonces y por ejemplo los babuinos fueron de los animales que gozaron de mayor atención en la Torre de Londres. Parece ser que de ahí surge el interés y la curiosidad de la Corona británica por cuidar y mantener la singular colonia de mona de Gibraltar. A estos primates se los instaló en una habitación amueblada a donde podían pasar los visitantes (hoy en día eso resultaría una locura dado que pueden ser potencialmente muy peligrosos, baste ver su dentadura) y se les incentivaba a imitar el comportamiento humano, como fumar tabaco en pipa, o se les incitaba a realizar prácticas peligrosas para divertimento del público mezclando así, la *menagérie* con el circo.

Una de estas atrocidades fue registrada en 1753 cuando un avestruz murió delante de numeroso público después de tragarse un gran clavo. Esto ocurrió porque durante mucho tiempo se pensó que los avestruces digerían el hierro y a veces los visitantes arrojaban clavos a estas aves para que se los comieran. Después de siglos de prueba / error, la casa real aceptó que ya con 300 especies y varios cientos de especímenes, la cosa se había sobredimensionado y se les había ido de las manos. Entonces en 1826, durante el reinado de Jorge IV, el alguacil de la torre, el duque de Wellington, envió a 150 de los animales a un nuevo hogar en Regent's Park, en lo que es hoy el Zoológico de Londres.

La *menagérie* cerró definitivamente en 1835 y muchos animales restantes se vendieron a otros zoológicos o a circos ambulantes mientras la espectacular Torre del León fue demolida más tarde, aunque no su funesta historia. Los exóticos habitantes de la torre hoy son recordados gracias a la obra de la artista Kendra Haste, quien creó 13 esculturas de alambre galvanizado: una familia de leones, el oso polar al que se exhibía con bozal y encadenado por una pata de por vida, un elefante y un grupo de babuinos que conmemoran a algunos de los habitantes de la real.

La vieja Europa no queda a salvo éticamente, pues su avance y asentamiento como civilización y modelo que seguir siempre ha envuelto todo en una dinámica continua y cotidiana de maltrato injustificado y sádico de cientos de animales.

EL ARCA DE PABLO ESCOBAR

T ENGO la intención de iniciar uno de los relatos de este libro en el periodo contemporáneo para demostrar cómo la ostentación a costa de las vidas de los inocentes animales exóticos es algo que, aunque viene de muy lejos en el tiempo, todavía se sigue dando a día de hoy, –siempre desde los recovecos del poder– en esa mezcla maloliente de horterada egocéntrica y patética en la que los humanos más engreídos y súbitamente empoderados por el vil metal, se crecen en sus excentricidades.

Imaginemos pues que estamos a mediados de la década de los ochenta del siglo XX. Nos encontramos en el International Wildlife Park de Dallas, un obsoleto zoológico a las afueras de la ciudad norteamericana, que fue la tapadera perfecta durante años de un odioso y desalmado traficante de animales africanos dedicado a abastecer a los zoológicos de USA y de medio mundo. Durante décadas este zoo ofrecía al público absurdos *safaris park* desde sus propios vehículos, paseos en dromedario y hasta el ridículo show de un canguro boxeador.

Pero ahora todo este campo de concentración de animales se ha venido abajo y ya es tan solo un ruinoso negocio en liquidación al que le ha sonreído la fortuna porque, de pronto, un colombiano curioso y caprichoso ha puesto sus ojos aquí: Pablo Escobar Gaviria, uno de los hombres más ricos del planeta, que amasó ingentes cantidades de plata a base de darle plomo a todos los que se cruzaron en su camino e intentaron pararle. Este sujeto va a saldar este deficitario negocio a precio de nuevo rico, o sea, *unlimited*, y para empezar le suelta al dueño algo más de 2.000.000 de dólares en efectivo a cambio de llevarse a su arca de Noé particular, todos los animales del zoo (eso sí, cuanto más grandes fueran los especímenes, mejor).

Y es así como, al grito de «burro grande ande o no ande», en las casi 2000 hectáreas de la hacienda que acababa de adquirir en el municipio antioqueño de Puerto Triunfo, y a la que bautizará con el nombre de Hacienda Nápoles en honor al gánster Al Capone, se llegaron a ver pocos días después rinocerontes, elefantes, cebras, jirafas y hasta hipopótamos (todos nativos de África) que Escobar introdujo ilegalmente en el país en barco y mediante costosísimos vuelos de avión.

Siguiendo a pies juntillas pautas de comportamiento al más puro estilo del «culo veo, culo quiero», Pablo Escobar tuvo la idea de establecer su propia casa de fieras —o como llegó a denominar, su propia arca de Noé— después de visitar ostentosos proyectos idénticos en el paranoico universo de los reyes de la coca. Así pues, la constitución de su zoológico particular en Hacienda Nápoles y el deseo por los animales nació después de una visita a la Hacienda Veracruz, propiedad de los Ochoa para negociar y afianzar trapicheos multimillo-

Jardines de la Zoological Society Regent's Park. 1828.
The Mirror of Literature, Amusement, and Instruction Vol.
12, 1828.

narios. Esta familia Ochoa, perteneciente al cártel de
Medellín, acabaría trabajando para el patrón Pablo Escobar Gaviria.

Muchos años antes, los Ochoa ya marcaron unas
pautas de comportamiento extravagante a costa de especímenes traficados y traídos de medio mundo para
su regocijo y demostrando sin rubor la coincidencia de
las rutas internacionales del comercio ilegal de drogas,
armas y animales, algo que siempre se ha sabido.

Lo único que el capo del cartel de Medellín no pudo
comprar con dinero era el tiempo y este actuó aplastándole y borrando toda huella de aquella epopeyaególatra
y prescindible para la historia de la humanidad.

Poco a poco fueron enfermando y muriendo todas
las criaturas en la hacienda e incluso el propio cráneo
de Escobar Gaviria explotó de un tiro en la sien derecha
disparado por un agente de la DEA en 1993.

Es justo en ese mismo momento cuando los hipopótamos se decidieron a conquistar por fin su ansiada libertad. La muerte del capo dejó fuera de control la vida en el zoológico de Hacienda Nápoles. Los animales tenían hambre, estaban solos, abandonados e inquietos y aunque con las fuerzas mermadas, un grupo formado por un poderoso macho (llamado Pepe) y tres hembras de hipopótamos africanos derribaron el muro que les separaba del selvático río Magdalena, de donde desde hace ya casi treinta años, no han querido volver a salir, reproduciéndose con naturalidad y nocivo éxito al poner en riesgo el delicado equilibrio ecológico de la zona, y sobre todo a varias joyas de la fauna local como son las nutrias gigantes, caimanes y manatíes sin los depredadores, que por ejemplo, en sus ríos africanos de origen controlarían sus poblaciones. Se estima que hoy estos exóticos paquidermos ya superan los 150 ejemplares, por lo que en 2022 el Ministerio de Ambiente y Desarrollo Sostenible decidió legislar de cara a actuaciones futuras, incluyendo al hipopótamo africano (*Hipopotamus amphibius*) en el listado de especies exóticas invasoras de Colombia, estimándose para el año 2035 una población de al menos 1.000 ejemplares. Y certificándose una vez más el nefasto evento en la naturaleza de una perjudicial invasión biológica, relacionada estrechamente con el tráfico y tenencia de especies de fauna exótica. Solo el Homo sapiens más tarado es capaz de una obra tan esperpéntica.

LA CASA DE FIERAS DEL RETIRO, CAMPOS ELISEOS Y LA ELEFANTA PIZARRO

Los antecedentes más directos de un zoológico en plena ciudad de Madrid se remontan a 1774, cuando Carlos III, siendo a la vez rey de España y alcalde de Madrid, mandó construir un parque con animales exóticos en la actual cuesta de Moyano, cuyos terrenos formaban parte de los Jardines del Palacio del Buen Retiro. Esta instalación complementaría el proyecto de Museo de Ciencias Naturales que se pensaba ubicar en el edificio que actualmente ocupa el Museo del Prado y junto al Real Jardín Botánico. Por el contenido y la sobria calidad de sus instalaciones este llegó a ser el segundo zoológico de Europa, después del de Viena. Aires nuevos ventilaron España de la mano de este rey y por fin, todo lo que en privado disfrutaban y gozaban los reyes en palacio, ahora públicamente seria disfrutado por el pueblo de Madrid de la mano de su consistorio.

Pero sin olvidar, que el experimento tenía sus fallos y por tanto estaba desde el origen manchado de sangre animal. De hecho, había suscritos varios acuerdos para que todos los animales que murieran abastecieran los diversos laboratorios de taxidermia del Real Gabinete

El Parque de Madrid. Autor: Daniel Perea. «El parque de Madrid». *La Ilustración Española y Americana XX*, 1876.

de Historia Natural del Museo Nacional de Ciencias Naturales.

En estas fechas (siglo XVIII y principios del siglo XIX), los fines científicos y de investigación, encabezados y dirigidos por científicos de la talla de Ángel Cabrera, se mezclaban con otros menos elevados,como eran los de celebrar luchas entre leones, tigres y toros. Estos espectáculos eran muy aplaudidos por los monarcas y la aristocracia y se solían celebrar en los bautizos de los infantes y en las fiestas en honor de algún ilustre visitante extranjero, pura *beautiful people* en acción.

Durante el siglo XVIII, la fauna de este zoo provenía fundamentalmente de Hispanoamérica y era enviada por los virreyes o cualquier autoridad de ultramar que quisiera escalar frente al rey. En esa colección zoológica no podían faltar nunca los grandes felinos como jaguares, pumas y ocelotes, las aves más vistosas (guacamayos, cotorras y tucanes) o las grandes serpientes como ana-

Fotografía de la cantante y actriz Julia Fons con un elefante del Parque zoológico de Madrid. Autor: José L. Demaría López «Campúa». *Mundo Gráfico*, 1911.

condas o pitones e incluso caimanes y cocodrilos. Más tarde se incorporarían especies africanas provenientes de las colonias de Guinea Ecuatorial y Sahara Occidental: elefantes, jirafas, leones, hipopótamos y gacelas.

Mariano José de Larra, con su habitual y afilada prosa, escribió en los diarios de la época del foro sobre el triste espectáculo del sufrimiento de los animales frente a una ciudadanía inculta e insensible con el maltrato animal, arrojando de este modo luz y crítica sobre la cerrazón de aquella sociedad desalmada. Así llega a escribir en uno de sus artículos: «Los madrileños se acercan al circo a ver un animal tan bueno como hostigado, que lidia con dos docenas de fieras disfrazadas de hombres».

Madrid se dotó además del recoleto y bello Retiro, de otra gran zona verde llamada como en Paris: los Campos Elíseos madrileños, Y no encontraron mejor modo de divertir y entretener a las personas que atormentando a los animales de la Casa de Fieras del Retiro. Lo primero que se construyó allí fue una pequeña plaza de toros para complementar el cartel de festejos taurinos de la Monumental Plaza de Las Ventas y en ella la elefanta Pizarro se enfrentaba diariamente en una lucha a vida o muerte a cinco toros, astifinos y muy bravos.

Pizarro era un elefante indio que procedía de Ceilán (actual Sri Lanka). Realmente era una hembra pero le pusieron ese nombre para que formara pareja artística con otro elefante que respondía al nombre de Cortés. Así, a mediados del siglo XIX, Cortés y Pizarro recorrían las Américas con su espectáculo de sangre y muerte. Separado el dúo, la elefanta Pizarro llegó a Madrid de la mano de su domador y propietario, el norteamericano Mr. Eduardo Miller y así fue hasta que en 1865 la pobre elefanta se jugó la vida obligada a pelear sin ganas en el parque de atracciones de los Campos Elíseos, situado en la confluencia de la calle O'Donnell con la de Alcalá, donde las aceras eran

La actriz Julia Fons y un avestruz del Parque zoológico de Madrid. Autor: José L. Demaría López «Campúa». *Mundo Gráfico*, 1911.

transitadas masivamente por los madrileños entre carteles que anunciaba un espectáculo terrible: «Extraordinario combate entre un elefante y tres o cinco toros». Fue un empresario catalán, Josep Casadesús, el que a mediados del siglo XIX propusiera al Ayuntamiento de Madrid crear unos estupendos jardines de recreo en la calle de Alcalá que ocuparían unos 130 000 metros cuadrados delimitados por la mencionada calle de Alcalá y las calles de Castelló, Velázquez y Goya. Estaba por entonces naciendo el barrio de Salamanca al que había que aportarle diversión y entretenimiento aunque fuera una vez más a costa de las heridas y la sangre

Parte superior del cartel *Lucha de un toro con un elefante*
celebrada el día 13 de febrero de 1898.

de algunos animales, en este caso un apacible y ultraja-
do paquidermo que aguantó hasta los 58 años de edad,
cuando abandonó este mundo.

Finalmente, el 31 de diciembre de 1918, el ayuntamiento recuperó la gestión de la Casa de Fieras para
que volviera así a ser pública para lo cual denunció el
contrato existente con la familia de Luis Cabañas y posteriores tratantes de animales exóticos y empresarios de
circo(auténticos exponentes del empresariado neolibe-
ral de la época).

PLAZA DE TOROS.

GRAN FUNCION EXTRAORDINARIA.

EN LA TARDE DEL MARTES 29 DE JUNIO DE 1869, SE VERIFICARÁ
(SI EL TIEMPO NO LO IMPIDE),

UNA CORRIDA DE NOVILLOS EXTRAORDINARIA
en la cual se presentará á trabajar el famoso y aplaudido

ELEFANTE PIZARRO.

HABRA ADEMAS CACERÍAS, TOROS DE PUNTAS, NOVILLOS PARA LOS AFICIONADOS Y VISTOSOS
FUEGOS ARTIFICIALES.

Cartel sobre la participación de Pizarro en una acorrida
de toros, 1869.

Entonces fue cuando la ciudad de Madrid tuvo el honor y la suerte de contar con la llegada del vallisoletano Cecilio Rodríguez, Jardinero Mayor del Ayuntamiento, que dio un nuevo ambiente a la zona. Acondicionó los paseos y los jardines de la Casa de Fieras al estilo del parque sevillano de María Luisa dejando descansar por el momento al mundo animal y con ello sembrando una cierta paz en el Retiro madrileño. Esa remodelación, representada aún hoy por los pavos reales al modo del Campo Grande –parque vallisoletano de su niñez– y que en la actualidad continúan reproduciéndose en los jardines que llevan el nombre de don Cecilio.

Después llegarían las guerras, como en el 36 la Civil española, con algunos sucesos desagradables como el sacrificio de cebras y kudus para proveer de carne a los vecinos azotados por la hambruna. También habría de cernirse como un ángel negro sobre la Casa de Fieras, en el 45 y años posteriores, la Segunda Guerra Mundial que aportó renovación y un cierto impulso a la Casa de Fieras del Retiro. Pero durante la Segunda Guerra Mundial muchos zoológicos literalmente desaparecieron bajo una incesante lluvia de bombas si bien otros, como el de Londres, resistieron milagrosamente manteniendo sus puertas abiertas al público durante toda la guerra desafiando así la amenaza nazi.

Los zoológicos holandeses en 1940 ya sufrieron daños muy significativos y una vez derrotada la nación por los alemanes tuvieron que soportar la mano dura de sus ocupantes nazis al igual que acaeció en la Francia de Vichy con el zoológico de Paris.

Alemania y Japón fueron muy duramente castigados y fruto de ello Madrid, que quedó fuera de la contienda y después de padecer años antes su propia guerra fratricida, se convirtió en el destino de muchos de sus animales ampliando de esta manera su colección de animales y renovándose como años antes no hubiera esperado que pasara.

10

ZOOLÓGICOS HUMANOS, DIVERTIMENTO INHUMANO

LA verdad es que en paralelo a la desaparición de los parques zoológicos por la pérdida de interés de un público que iba evolucionando, creció otro indecente interés por parte de la ciudadanía occidental, algo impensable visto con ojos y sentimientos de hoy pero que durante muchas décadas –desde el XIX hasta mediados del siglo XX–, se hizo muy popular como divertimento entre la *beautiful people* europea: los zoológicos humanos, instalaciones de cara al público en las que se exhibían sin reparos seres humanos pertenecientes a etnias del mundo peor considerados aún que los animales. En muchas ocasiones se trató de instalaciones itinerantes con la intención de aclimatar a aquellos seres humanos. Se trataba de personas secuestradas en recónditos territorios y se las esclavizaba sin importar si eran niños, adolescentes o personas adultas, con el fin de ser exhibidos en instalaciones itinerantes, todo en el contexto festivo y de celebración del avance de la sociedad imperante que proponían las exposiciones universales.

El zoológico humano era, pues, una exhibición pública de seres humanos, fundamentalmente aquellos percibidos como «primitivos» o «salvajes». Fueron habituales a final del siglo XIX e inicios del siglo XX en Europa, en el periodo conocido como Nuevo Imperialismo, y con frecuencia afirmaban la supremacía racial y superioridad moral e intelectual de las personas europeas por encima de cualquier raza.

La exhibición de seres humanos diferentes a los cánones establecidos, por motivos raciales e incluso por padecimientos físicos o morfológicos varios, es una práctica que podemos datar de tiempos remotos porque la desigualdad y la injusticia nos han acompañado toda la vida.

Primero fue en los palacios reales y después para el populacho en los espectáculos de circo. Pero su establecimiento como lugar de muestra de personas no europeas para un público de masas se inició en la década de 1870 con Carl Hagenbeck, el zoólogo ya mencionado en este libro, promotor de las exhibiciones humanas realizadas en el Jardín de Aclimatación de París y que continuaron hasta principios de la década de 1930. La última exposición destacada de este tipo fue la de la Exposición Mundial de Bruselas de 1958, pues además Bélgica por entonces se había distinguido monstruosamente por el maltrato y abuso con el que su monarca Leopoldo I había gestionado su relación racista y humillante con el pueblo congoleño.

España también participó de esta tendencia impuesta por una moda de degradación total: la primera como parte de la Exposición General de Filipinas de 1887, para la que fue construido el Palacio de Cristal del parque del Retiro, y la última en 1942.

Ota Benga, exhibido en el Zoológico del Bronx (1906).

Estas exposiciones presentaban al público de la metrópoli una muestra de los diferentes pueblos colonizados, recreando sus poblados e incluyendo productos locales para la contemplación de los asistentes. Eufemísticamente también eran rotuladas como *exposiciones etnológicas* o *ciudades de negros*, y aunque durante su existencia despertaron ya reacciones en contra, en la actualidad son ampliamente consideradas un símbolo del colonialismo y de las teorías del racismo científico.

De los miles de personas ultrajadas en esos eventos por este sistema infame e inhumano quiero poner el foco en una mujer que acabó convirtiéndose en todo un símbolo después de soportar una existencia insoportable. Me refiero a Sara Baartman (en afrikáans, Saartjie Baartmann) también conocida como la «Venus Hotentote». Esta persona fue tal vez la mujer más célebre de la etnia *khoikhoi*, pues tras firmar un contrato como trabajadora doméstica y artista por cinco años viajó a Europa a principios del siglo XIX para ser exhibida como atracción secundaria circense en casetas apartadas al estilo de la mujer barbuda, entre otras atracciones, según las cláusulas de su contrato.

Sara pertenecía etnográficamente al grupo étnico de los hotentotes, es decir, que era según los colonizadores blancos una bosquimana y como buena parte de las mujeres de su etnia presentaba una desbordante acumulación de grasa en las nalgas gracias a la esteatopigia, que es la condición por la cual se acumulan grandes cantidades de grasa en los glúteos (fundamentalmente para resistir periodos de inanición en los desiertos del cono sur africano). Por ello su vida en Europa se basó sobre todo en ser objeto de desprecio al ser negra, mujer y poseer además una exuberante anatomía, lo que le hizo tener que enfrentarse a la par a una inusitada violencia de género contundentemente expresada por el machismo imperante. Según las crónicas, era obligada a «desfilar» desnuda cada noche en una plataforma de dos pies de altura así como a obedecer a su guardián, cuando este le ordenaba cómo «actuar en el escenario». Por un pago extra, se permitía a los espectadores que tocaran su exótico culo. Fue vendida como esclava de jovencita, luego violada sin descanso como fenómeno de circo, tratada como bestia enjaulada de zoológico humano, carne de prostitución, objeto de supuestos «estudios científicos» y, finalmente, como pieza de museo.

Los «científicos» -incluido el prestigioso cirujano de Napoleón- la llegaron a definir como el eslabón perdido entre el orangután y el hombre, mientras sus explotadores la presentaban como la Venus Hotentote, así hasta que murió alcoholizada, sola y triste.

Un siglo después, en 1994, otro ser humano y compatriota de Sara igualmente maltratado, Nelson Mandela, elevó una insólita petición al presidente de la República Francesa, monsieur Miterrand. Con el final del apartheid en Sudáfrica y el nombramiento de Nelson Mandela como primer presidente negro de ese país, la repatriación de los restos de Sara Baartman se convirtió en una causa nacional y esa fue la petición: que los restos de Sara fueran devueltos por Francia. El proceso se demoró durante ocho años, ya que los franceses tuvieron que redactar un proyecto de ley que autorizara la devolución pero que a la vez, impidiera que otros países también reclamaran tesoros tomados por los franceses durante el período colonial. Finalmente, los restos de Sara Baartman fueron enterrados el 9 de agosto de 2002, Día de la Mujer en Sudáfrica, en una ceremonia con rituales del pueblo del cual salió como esclava cuando sólo tenía 16 años y al que solo pudo volver casi dos siglos después, ultrajada y desguazada.

Por a portar algo de esperanza sobre la condición humana de aquella sociedad, he de decir que mientras Sara fue explotada en Londres hubo protestas debido a la manera en que era tratada. Todo quedó incluso recogido por los tabloides de la época pues las quejas fueron numerosas, aunque evidentemente fueron mayoría quienes disfrutaron de la vejación de aquel ser humano. Y las quejas que se dieron se llevaron a cabo en una época en que se debatía precisamente la abolición de la esclavitud, por tanto, aunque a la sociedad victoriana le costó acabar definitivamente con aquella infamia, surgieron muchas protestas en Londres cuestionando por primera vez la explotación circense de un ser humano. Y así es como Sara se convirtió en símbolo de la lucha antiesclavista en aquel histórico momento. El circo en el que la exhibían también recibió presiones de ciertos sectores sociales y estuvo a punto de ser clausurado, pese a que Sara Baartman declaró ante un juez que participaba voluntariamente y que el doctor William Dunlop, el mismo que la engatusó cuando era casi una niña para que viajara por toda Europa dejándose vejar, demostró que ella estaba de acuerdo para lo que presentó un contrato que ella había firmado. Hasta el presente se duda

Cartel para una exposición antropológica de los
hotentotes en París, c. 1870. Litógrafos Henri Sicard
y Farradesche, *Jardin zoologique d'acclimatation*.

de que Sara realmente haya conocido o firmado aquel
documento.

Finalmente, una sociedad benéfica londinense so-
licitó la prohibición del espectáculo y Sara fue llevada
ante los tribunales. Después de que esto provocara el

final del negocio en Inglaterra, fue trasladada a Paris donde un domador de fieras la exhibió durante quince meses más. En París atrajo la atención de científicos franceses, en particular la de George Cuvier, quien la describió como una mujer inteligente, de excelente memoria y que hablaba correctamente el neerlandés.

Pero el final «feliz» de esta historia triste llegó al final de su vida, aunque hubo que esperar varias décadas tras su muerte para resarcirnos de tanta injusticia. Su fallecimiento fue otra negra página de su biografía o acaso, una liberación. Baartman murió un impreciso día de 1816, a los 26 años, como consecuencia de «una enfermedad inflamatoria y eruptiva», según Cuvier, cuando en realidad sufría los devastadores efectos de su alcoholismo, padecía una sífilis avanzada y terminó abatida por una neumonía... Sara murió pero no descansó, pues aún algunos de los más importantes museos reclamaron muestras diversas de su anatomía y así es como su cuerpo poco a poco fue siendo mutilado y conservado en formol.

En un principio estos patéticos espectáculos en los que las personas eran tratadas como infrahumanos tuvieron que ver con rarezas, particularidades o discapacidades varias. Es entonces cuando, por ejemplo, las mujeres barbudas (padecían hirsutismo de origen hipofisario debido a un aumento de ACTH que se traduce en un aumento de cortisol y secundariamente de prolactina que les dotaba de una vellosidad facial inusitada), se hicieron más célebres e imprescindibles en los carromatos de muchos de los circos ambulantes, y lo mismo con otras deformaciones humanas, pero obviamente esta intolerancia y falta de compasión ya acompañaba a nuestra especie desde sus orígenes.

Entonces, lo verdaderamente novedoso del fenómeno que pretendo analizar tiene que ver sobre todo por primera vez con la ideología racista que comienza a abrirse paso a zancadas en aquellos tiempos en los que el fascismo más abominable sacaba pecho en estos espectáculos en los que lo que subyacía era la supremacía de nuestra raza y forma de vida por encima de cualquier otra raza, nación o cultura.

Es curioso, pero en aquellos años los mismos empresarios del entretenimiento sin límites, que vivieron a costa del sufrimiento de los animales a través de las casas de fieras o de los circos directamente, fueron los mismos —incluso con categoría de zoólogos—, que ahora se enriquecieron con el tráfico de seres humanos.

Quizás el más importante en toda Europa fuera Carl Hagenbeck, un zoólogo y director de circo alemán que explotó a lo largo de toda Europa a un sinfín de personas de distintas etnias para gusto de los occidentales. Es en 1874 cuando comienza a exponer seres humanos de Laponia y Samoa, a quienes vestía según los códigos de su tribu y colocaba junto a arpones y trineos. Pero ¡ojo!, que esto no era nuevo. Como nos recuerda el gran historiador Esteban Mira Caballos en su libro *El descubrimiento de Europa: indígenas y mestizos en el viejo mundo,* ya en el año 1420 los vikingos llegaron a Sevilla navegando el Guadalquivir a bordo de sus famosas naves fluviales, las *drakar,* que eran barcos con mucha eslora en comparación con su manga, y con poco calado. Debido a estas características eran barcos rápidos, maniobrables y muy polivalentes, y realizaban singladuras de todo tipo aunque estaban más destinados a las costeras y fluviales.

Al igual que los *snnekar,* los *drakar* contaban con velas y remos para su propulsión, así que en aquellas remotas fechas llegaron hasta la ciudad de Sevilla llevando con ellos a un puñado de *inuits* procedentes de Noruega donde habían sido secuestrados meses antes. Estos cautivos fueron exhibidos junto a sus *kayakj* en aquellas soleadas callejas del barrio de Santa Cruz a 40 grados a la sombra.

Se ve por tanto que desde muy atrás al hombre siempre le ha atraído una especie de curiosidad pseudoantropológica que fue ensanchando progresivamente para que cupiera en ella todo lo malo, lo mismo el racismo y el menosprecio que implica que la execrable esclavitud. No obstante, aunque ya de manera temprana, la única medalla que como país podemos ponernos con orgullo es la de haber contribuido, precisamente en tiempos colombinos, a un debate de orden moral sobre los *naturales* (personas aborígenes de lejanos territorios) y sus derechos a no ser sometidos ni abusados por los nuevos conquistadores.

De manera unilateral y sin presiones por parte de la comunidad internacional, la España de los Reyes Católicos decide pararle los pies a todo aquel que se considere con derecho a vejar, maltratar, esclavizar o matar a los indígenas del Nuevo Mundo —recientemente anexionado por Cristóbal Colón— a los que equivocadamente se llama indios, pues Colón creyó haber llegado a la India.

Podemos por tanto afirmar que estamos ante un incipiente esbozo, de criterios inéditos, acerca de los derechos fundamentales del hombre. La reina Isabel toma la gran iniciativa en este sentido influenciada sin duda por su asesor fray Bartolomé de las Casas. Fueron tiempos especiales, muy importantes para marcar el futuro respetuoso con los derechos humanos, camino por el que deberían transitar en el futuro generaciones venideras pues el encuentro con un nuevo mundo jamás se había dado en la historia de la humanidad de esta forma tan impactante.

Ello conllevó una manera diferente de relacionarse las personas y por tanto una nueva forma de desafiar a la humanidad, midiendo la capacidad humana de toda una sociedad con respecto al trato al prójimo. El oficialista sacerdote Juan Ginés de Sepúlveda se convirtió en el defensor oficial de la conquista, colonización y evangelización de la población autóctona de América, avalando el derecho de unos pueblos a someter a otros por su civilización superior -o derecho del dominador sobre el dominado- para evangelizarlos debido a que eran pueblos sin civilizar. En contra se manifestó el gran jurista Francisco de Vitoria.

Juan Ginés también escribió una *Historia de la guerra de los indios* en la que sanciona aspectos injustificables como lo era la esclavitud. Era un inmovilista nato y contrario al espíritu renovador de las Leyes Nuevas de 1542, como también lo eran los encomenderos quienes consiguieron su derogación por los virreyes en América. Esto motivó la vuelta a España de Bartolomé de las Casas al ver fracasado su plan de protección y respeto a los indígenas en todos los territorios que estuvieran bajo bandera del reino de Castilla.

Ginés de Sepúlveda se convirtió en su gran enemigo y en ese contexto de confrontación publicó su *De justis belli causis apud indios* (1550), pero De las Casas no se iba a quedar callado y le replicó con nada menos que sus 30 proposiciones, muy jurídicas y certeramente ajustadas a derecho, lo que condujo irremediablemente a la celebración de una reunión de teólogos e intelectuales de primer nivel. Así se celebró la Junta de Valladolid —también conocida históricamente como Controversia de Valladolid— entre los meses de agosto y septiembre de 1550 con el objetivo de solucionar la disputa conocida como «polémica de los naturales» o «de los justos títulos». En la reunión participaron Domingo de Soto, Bartolomé Carranza y Melchor Cano, sustituido posteriormente por Pedro de la Gasca.

Sepúlveda, partidario de un consuetudinarismo aristotélico, defendió sus ideas sobre la justicia de la guerra contra los indios tomando como base sus costumbres caníbales, los sacrificios humanos y su inferioridad tanto cultural como para evitar guerras entre ellos. Además, él creía que las conquistas eran necesarias por el adelantamiento cultural de España, de forma que la civilización equivalía al derecho del dominador sobre el dominado para evangelizarlo y elevarlo a su misma altura.

Su rival, de las Casas, propugnaba la igualdad genérica del ser humano al margen de cualquier posición política y la necesidad de que los españoles abandonaran

América, limitándose a enviar predicadores para evangelizar sin apoyo militar alguno.

No hubo resolución final y cada uno de los contrincantes se consideró vencedor. Sepúlveda no dejó, sin embargo, de señalar lo mucho que marcó a de las Casas su fracaso como encomendero, pero la verdad es que más allá de las rivalidades personales y el afán de notoriedad de algunos, esta reunión supuso un antes y un después en una materia nunca antes abordada y por la que deberíamos sentirnos realmente orgullosos. Se sentaron las bases, con gran altura en el debate filosófico y jurídico, sobre dónde estaban los límites del comportamiento humano frente a otras etnias, algo que lo mismo incidió en materia esclavista que a la hora de regular los zoológicos humanos con los que seguidamente continuamos.

Durante buena parte del XIX, los tratantes de ganado, y por tanto también de animales salvajes y de personas pertenecientes a tribus del mundo, ganaron mucho dinero abasteciendo de novedades el tiempo ocioso de la sociedad menos cautelosa en consideraciones ético-morales, la *beautiful people*, auténtica sociedad idiota, atendiendo a la etimología de la palabra idiota cuya raíz *idios* (en *idiosincrasia*, por ejemplo) ya nos da pistas suficientes. En la Grecia clásica se consideraba a una persona idiota cuando solo se dedicaba con preocupación a sus cuitas personales e individuales y nada a lo global, colectivo o comunitario y público. Es decir, que ir a tu bola y vivir superficialmente sin implicarte en mejorar la vida común ya te convertía en un idiota y es a estos fundamentalmente a los que iban dirigidos todas estas inhumanas propuestas.

Uno de aquellos empresarios, quizás el más famoso y rico, fue William Frederick, «Buffalo Bill» Cody. Su espectáculo llamado *Buffalo Bill's Wild West* recorrió América y Europa y llegó a Barcelona en diciembre de 1889. En la portada de *La Vanguardia* del domingo 15 de diciembre de 1889 se anunció la inminente inauguración del «hipódromo» que necesitaba el espectáculo para poderse llevar a cabo y que se ubicó en el solar que por aquel entonces había entre las calles Aribau y Rossellón, hoy en día una de las zonas más densamente urbanizadas del Ensanche barcelonés. Las entradas de asiento valían entre dos y cinco pesetas, una cantidad que por aquella época era considerable.

La comitiva venia de muy lejos y el barco a vapor que transportaba el circo de Buffallo Bill atracó en el puerto de Barcelona el 18 de diciembre de 1889 con una gran carga étnica, y más para aquella España cateta, ingenua y poco viajada, como contaba el diario vespertino *La Época*:

> Componen la comitiva doscientos pieles rojas y otros tantos vaqueros mexicanos, así como doscientos animales, entre caballos, búfalos y bisontes (aquí está el principal y garrafal error, pues nunca en los Estados Unidos de América habitó un solo búfalo, todos eran bisontes, por cierto el búfalo cafre es oriundo del continente africano).

El circo en que se explotaba a decenas de indígenas estuvo varias semanas en Barcelona, y era uno de los números principales aquel en el que se exhibía a indios auténticos pertenecientes a las tribus sioux, cheyenne y arapahoe como si fueran monos de feria.

Pero repasemos juntos el currículo del promotor Buffallo Bill William Frederick, «Buffalo Bill» Cody. Comenzó su carrera como jinete del servicio de mensajería Pony exprés con tan solo 14 años. Después, la vida y varias guerras hicieron que su leyenda creciera como la espuma de cerveza al convertirse sobre todo en un explorador estadounidense y desconsiderado cazador de bisontes. De hecho, el apodo de «Buffalo Bill» se lo pusieron los trabajadores de la Kansas Pacific Railway por los 4.280 animales que mató durante el año y medio que trabajó junto a ellos para surtir de carne de bisonte a los empleados del ferrocarril.

Hubo muchas otras cacerías, de osos grizzlis principalmente, de las que incluso se hicieron eco los periódicos españoles de la época. Y en los que aquel hombre «alto, de ojos azules, bigote, de cabellos rubios y largos», era venerado como el mejor guía de caza posible. Dedicó parte de su vida a matar sin escrúpulos bisontes incluso desde los mismos vagones del ferrocarril mientras el tren atravesaba las grandes praderas norteamericanas. Y así pasaron los años hasta que el bisonte se extinguió de amplias zonas y entonces se retiró de aquella vida de acción y se hizo empresario circense.

Nacido en el estado de Iowa, cerca de Le Claire, murió a los 71 años en Denver y durante toda su vida no hubo territorio del lejano Oeste que no pisara. Vivió durante varios años en la ciudad de su padre, Toronto, en Canadá, antes de regresar con toda su familia al territorio de Kansas donde alcanzó la gloria para EE.UU. como cazador oficial de bisontes, animal del que dependían materialmente todos los pueblos indígenas de Norteamérica porque se alimentaban de su carne y se vestían con su piel.

El caso es que Buffalo Bill cazó tantos bisontes que los extinguió y erradicó al poderoso fitófago de las grandes praderas con la consiguiente ruina moral de millones de aborígenes ya que su desaparición les afectaba también inmaterialmente al girar en torno a este animal su cosmogonía y todo su universo mítico. A cambio, a los indígenas solo les quedaba ya la posibilidad de vivir como esclavos del rostro pálido.

Pues una ínfima parte de los mismos, eran exhibidos bajo la carpa del circo de Buffallo Bill y todo con la connivencia y complicidad del gran jefe de todos ellos, Toro Sentado, a cambio del vil metal, y unos cuantos tragos de whisky claro. También en Cataluña, pero lejos de la Ciudad Condal y del patético circo de Buffallo Bill, otras personas fueron objeto masivo de burlas y miradas indiscretas durante años. Esta es una historia esencialmente triste y vergonzosa que merece ser rememorada cuantas veces haga falta al menos para que no vuelva a repetirse, aunque no confío en ello como tampoco lo hago en la teoría del buen salvaje de Rousseau. No creo que exista nadie bueno por naturaleza porque pienso que, si hubiera dinero de por medio, volvería a repetirse toda esta vergüenza. Viajemos seguidamente hasta el pueblo gerundense de Ribes de Fresser.

¿GOLLUTS?

AUNQUE la sorprendente historia que voy a relatar
seguidamente encontró acomodo geográfico en el
inhóspito valle de Ribes de Fresser (en la comarca del
Ripollés), podemos asegurar que en otros rincones se-
cretos de Cataluña también se daba, como por ejemplo, en el macizo del Montseny y en el valle del Boí o
también en la sierra de Alcubierre en Aragón, por citar
algunos lugares concretos que eran también focos endé-
micos de cretinos y *golluts*.

Los *golluts*, también conocidos como enanos o *na-
nos*, vivieron configurando un grupo humano cohesio-
nado y diferenciado del resto (entre otras cosas por su
forma de vida endogámica) en el Valle de Ribes hasta
bien entrado el siglo XX cuando comenzaron a ser exhibidos como atracción de inhumanas ferias y circos.
Eran todas personas que tenían una estatura inferior al
metro y veinte centímetros y muchos de ellos presentaban bocio (tumor desarrollado en el cuello por una
deficiencia en la glándula tiroidea), probablemente
como consecuencia de la falta de yodo en el agua de la
zona, algo que ya afectaba a la mujer embarazada y a su
posterior descendencia. O sea que esa deformación del

cuello era congénita y a lo largo de sus duras vidas iba a irse engrandeciendo, llegando a causarles dificultades en el habla.

Por todo ello recibían el nombre genérico de *golluts*, pues en catalán *goll* quiere decir bocio y todos, ellos y ellas extremadamente pequeñitos y con un exagerado abultamiento de su cuello a causa del hipotiroidismo, vivían secularmente repartidos en diferentes poblaciones del Valle de Ribes. La más importante comunidad estaba en Ribes de Fresser, pero también existía una relativa y llamativa población en otros municipios como Llosses, Ventolà, Batet y Tregurà.

Estas comunidades muchas veces vivían en total marginalidad y eran tratados con desprecio por el resto de la población, solo dándoles una única opción para ganarse la vida: vivir con el ganado mientras lo cuidaban. Esta marginalidad los estigmatizaba siempre y les empujaba hacia el estatus más bajo de aquellas sociedades rurales, lo que provocaba una endogamia en cierto sentido racista -nadie quería que sus hijas e hijos se relacionaran con ellos-, lo que favorecía la enfermedad y la perpetuación de las características morfológicas que les dirigían, en el camino social, hacia el abismo del fracaso. Los *golluts* no eran en sí mismo un grupo étnico *per se* a pesar de que fueron muchos los antropólogos que investigaron en esa dirección hasta bien entrado el siglo XX.

A consecuencia de la miseria y de las malas condiciones alimenticias e higiénicas en las que vivían, agravadas por la ingestión de aguas minerales dietéticas y poco o nada yodadas, el bocio hacia estragos si bien no solo en el noreste de España. En Italia o Francia existían también situaciones semejantes o idénticas. La diferencia fundamental con el caso español fue que en aquella misma época los gobiernos extranjeros estaban ya elaborando planes sanitarios para erradicar las condiciones a que hemos hecho mención.

Por el contrario, en España se siguió durante muchos años una política de silencio y de ocultamiento por parte de las autoridades tanto civiles como médicas, negándose esta realidad o aceptándola como vergüenza. Solo se alzaba la voz de vez en cuando por alguna «impertinente» ponencia médica presentada a destiempo en oportunos congresos internacionales que recordaban puntualmente la existencia del problema que el gobierno de España ocultaba bajo la alfombra al barrer y estudiándolo a nivel meramente estadístico.

Al final, dicho problema sanitario se solucionó en nuestro país de forma natural hace apenas unos años, muy recientemente, y para ello fue decisivo sacar a la luz esta realidad silenciada sobre todo por aquellos que en la oscuridad en la que se desarrollaba podían seguir abusando de los *golluts* a nivel laboral, tratándoles inhumana e injustamente y pagándoles una miseria. Precisamente tuvo que ser un madrileño, el diputado, periodista y escritor don Miguel Morayta el que en agosto de 1886, mientras estaba de vacaciones en un balneario de Ribes de Fresser, daba a conocer a los *golluts* en un artículo publicado en el diario *El Globo:* una comunidad que se caracterizaba por su baja estatura y por tener bocio –aunque no todos ellos–, y por su forma de vida endogámica, austera y completamente aislada de los otros vecinos de un municipio que en aquel entonces estaba haciendo la transición de un turismo de salud a un turismo de ocio, como de hecho ocurre hoy en aquel Pirineo oriental.

Posteriormente se publicarían algunos libros sobre esta cuestión sorprendente y en cierto modo secreta. De todos ellos resalto el libro *Els misteris dels golluts o nans de Ribes*, de Miquel Sitjar y Joaquim Roqué y editado en 2021 por Terra Gollut, con el apoyo de la Diputació de Girona, lo que ya indica la implicación de las administraciones (con la Generalitat a la cabeza) y de los autores en asentar el orgullo y la no estigmatización de un territorio con respecto a la historia de este grupo humano marginal. Afortunadamente, las cosas han cambiado radicalmente y yo lo celebro.

Fue a raíz del artículo de Morayta cuando los *golluts* fueron estudiados en congresos médicos científicos internacionales como el de Bruselas de 1894. Fueron muchos los antropólogos de todo el mundo los que se interesaron por el fenómeno tal como ha recopilado Joaquim Forqué, a saber: el investigador escocés David MacRitchie, que fue el primero en fotografiarlos, o el abogado y antropólogo canadiense Robert Grant Haliburton, que «sentía una auténtica pasión por los *golluts* al creer que se trataba de una raza prehistórica reminiscente en Europa».

Tiempo después, y una vez que la existencia de estas personas se hizo pública gracias al trabajo de Miguel Morayta, en 1851, en el Diario de Barcelona, se publicó con suma naturalidad la primera noticia sobre la existencia de un *nanu* en Barcelona:

Acaba de llegar a esta capital procedente de la provincia de Gerona, de donde es natural, Pedro Roca, soltero, de edad treinta años, el cual se hace notable no tan solo por su baja estatura, sino por el gran número de extraordinarias papadas que, en forma de disformes bolsos, cuelgan de su garganta. Este infeliz para colmo de su desdicha es además sordomudo, y todos sus sentidos se hallan sumamente embotados. Viste un traje español antiguo. Con dificultad puede andar y saludar al mandato de sus padres a los que va a visitar. El padre es un anciano septuagenario que goza de completa salud, y sus facultades intelectuales están muy despejadas. No dudamos que semejante fenómeno llamará la atención de los naturalistas y personas curiosas.

Dicho y hecho pues no fueron pocos los espectáculos circenses que se interesaron por estas criaturas y en breve tiempo todas las ferias de pueblo contaban con una carreta en la que podían ser contemplados los *golluts*, hombres y mujeres muy bajitos, aquejados de una grave enfermedad en el tiroides. En definitiva, personas muy vulnerables expuestas a la intemperie de una vida de abusos y negocio a su costa.

En fin, la historia de siempre. Pues bien, muy lejos de allí, pero por las mismas fechas, la mirada de un naturalista se enfrentaba en tierras vírgenes a otros pueblos originarios, los indígenas de Tierra de Fuego. Y podríamos creer que Charles Darwin era un ser angelical sin prejuicios y tan solo un mero espectador de la naturaleza pero no, en realidad la visión de Darwin sobre los fueguinos refleja algunos de los prejuicios de su medio social e intelectual. Por ejemplo, la tendencia a tildar a los pueblos indígenas (llamados también «primitivos» o «salvajes») de infantiles o inocentes y situarlos en un estadio de evolución muy inferior en relación con la sociedad occidental, asentada en la cima de la jerarquía cultural.

Otro concepto muy arraigado en el medio de Darwin era identificar la sociedad humana inicial con los pueblos «primitivos» contemporáneos. Pero ¿cómo eran los pueblos «primitivos» que Darwin observó en Tierra del Fuego?

Los cuatro grupos étnicos australes eran principalmente nómadas. Los *yaganes* (también llamados *yámanas*) y los *kawésqar* (o *alacalufes*) vivían en canoas y se alimentaban de mariscos, carne de lobos marinos, focas y nutrias; por su lado, los *selk'nams* (u *onas*) y los *manek'enk* (o *haush* o *patagones*) se dedicaban a la caza de aves, guanacos, zorros y roedores.

Las observaciones de Darwin sobre el canibalismo e idiomas fueron prontamente refutadas por el misionario anglicano Thomas Bridges quien demostró que el idioma yagán contenía más de 32 000 palabras y una sintaxis más compleja que el griego antiguo, y que las ideas sobre el canibalismo se debían a un malentendido lingüístico. Demasiados malentendidos. Otro también les costaría la vida a aquellos indígenas y pondría a su sociedad al borde del precipicio. El malentendido era la propia caridad pues resulta que el propio Darwin relató en su obra *Viaje de un naturalista alrededor del mundo* las devastadoras consecuencias que para aquellos indígenas tuvo el mero hecho de vestirles con ropajes occidentales. Se creía que de esa forma se les

Dibujo *Una visita al zoo*. Autor: Thomas
Rowlandson, s. XIX.

estaba ayudando en su lucha contra el frio y además, de paso, se les tapaba las vergüenzas para que ninguno de aquellos rancios y calenturientos misioneros se sintieran ofendidos. Pero lo que realmente les ocurría a las mujeres y hombres vírgenes, cuando se ponían una camisa o casaca regalada por los blancos, era que enfermaban hasta morir, porque esto fue lo que aconteció: la ropa estaba contaminada con virus y bacterias transmisores de epidemias tan letales como la de la gripe, tifus, viruela y varicela.

La curiosidad y la maldad dirimen sus diferencias en un territorio muy pequeño: el farragoso cuartel donde la ética y la moral campan a sus anchas. Por eso algunos justifican sin pudor el crimen que supone exhibir en contra de su voluntad a alguien por el hecho de ser muy bajito y con una deformación corporal o tener cualquier clase de discapacidad. E incluso por el hecho de pertenecer a otra raza aprovechando para, en el mismo espectáculo, hacer proselitismo de una ideología supremacista con respecto a la superioridad de nuestra raza blanca.

De hecho, esta maldad se extendió durante un largo periodo de tiempo por todo el mundo «civilizado», constituyendo uno de los episodios más aberrantes de la historia de Occidente.

A pesar de las intenciones constructivas y edificantes del periodo colombino en el que, como vimos, el mero debate y controversia de Valladolid sobre cómo tratar a cualquier ser humano sentó precedentes morales y jurídicos a modo de incipiente declaración sobre los derechos universales del ser humano, de poco sirvieron aquellas pretensiones para parar la inercia de seguir comerciando con las vidas de las personas.

Algunos de los protagonistas de estas aberrantes operaciones comerciales, en las que las mercancías eran fundamentalmente vidas y almas humanas, son tan inesperados como el gran marino Robert FitzRoy. Si acudimos a su biografía oficial veremos que fue un oficial de la Real Marina Británica que alcanzó el grado de vicealmirante y que logró fama duradera por haber sido el comandante del HMS Beagle durante el famoso viaje de Charles Darwin alrededor del mundo (1831-1836). Estos son los datos pero investigando más allá encontraremos en este personaje motivos suficientes para denostar su figura, pues estamos hablando de alguien que durante largo tiempo se ganó la vida secuestrando y transportando hasta Inglaterra a familias enteras de incautos indígenas. Con esta

Fotografía de un cartel del National Zoological Park
(EE.UU.) que indica: «Los niños perdidos y los artículos
encontrados serán llevados a la Casa del León».
Autora: Esther Bubley, 1943.

actividad alimentó con carne humana de primera a
los zoos humanos que empezaban a proliferar por el
mundo entero.

En ese sentido, tengo desde hace años la clara sen-
sación de que las constantes y profundas desavenencias
habidas entre Darwin y el comandante durante su con-
junta expedición en el Beagle alrededor del mundo iban
más allá de diferencias puntuales de temperamento y
criterio. Además de naturalista Charles Darwin se en-
contraba ideológicamente posicionado en contra de la

esclavitud y eso le llevó a pronunciarse inequívocamente dentro de su propia familia.

Nos detenemos seguidamente en uno de los pasajes escritos por el mismo Darwin sobre este tema. Darwin se revolvió ante las masacres contra los indígenas que él va encontrando en la Patagonia, véase la protagonizada por el general argentino Rosales, y llegó a escribir: «Aquí todos están convencidos de que esa es la más justa de las guerras, porque está dirigida contra los salvajes» y se pregunta en voz alta:

> ¿Quién podría creer que se cometan tantas atrocidades en un país cristiano y civilizado? Solo se perdona a los niños que se venden o se dan para hacerlos criados domésticos o más bien esclavos, aunque solo el tiempo que sus poseedores puedan persuadirles de que son esclavos. Pero creo que aun con injusticia se les trata bastante bien.

Durante uno de aquellos combates, cuenta Darwin convertido en reportero de guerra, que huyeron juntos cuatro hombres. Los persiguieron y uno de ellos perdió la vida mientras que los otros tres fueron capturados vivos. Eran mensajeros o embajadores de un grupo de indios reunidos para la defensa común junto a las cordilleras.

La tribu a la que habían sido enviados estaba a punto de celebrar un gran consejo, estaba dispuesto el gran banquete con carne de yegua, el baile iba a empezar y al día siguiente los embajadores que aún estuvieran vivos regresarían a las cordilleras de nuevo. Esos guapos embajadores eran unos mozos muy rubios y muy altos,

Ilustración «Museo, circo y colección de animales de la Antigüedad», s. XIX. Library of Congress (EE.UU.).

cada uno de más de seis pies de estatura, y ninguno de ellos tenía arriba de treinta años. Los tres supervivientes tenían consigo informes preciosos de manera que para sacárselos los militares les pusieron en fila, se interrogó a los dos primeros (quienes se limitaron a responder: «no sé» y se les fusiló uno tras otro. El tercero también contestó «no sé» y añadió: «tirad, soy hombre, sé morir». Ninguno de ellos quiso decir una sola sílaba que perjudicara la causa de su pueblo y su país, comentó un impresionado Darwin posicionado en todo momento del lado de los indígenas y por tanto enfrentado visceralmente a Fitz Roy.

El almirante, al llegar navegando a tierras chilenas, empleó permanentemente técnicas esclavistas

Indios Onas. Llevados a París en 1889. Autor: Adolfo Kwasny
(c. 1900). (Världskulturmuseet, 008219).

para secuestrar sistemáticamente a jovencitos indígenas y así ganar mucho dinero con su exhibición en diversos zoológicos de la vieja Europa: Fitz Roy formaba parte interna del negocio de comerciar con vidas humanas. Es más, el marino era una pieza clave para proveer de indígenas engañados a los zoológicos europeos.

Especialmente duro debió de ser para Darwin toparse con esa realidad en Tierra de Fuego (Chile) donde durante años Fitz Roy se empleó a fondo secuestrando indígenas a los que trasladaría a miles de kilómetros de sus aldeas de origen, en la otra orilla del Atlántico, a Inglaterra para más datos. Concretamente, corría el año 1830 cuando el día 13 de abril cuatro indígenas fueguinos fueron engañados y subidos a un barco que les sacaría de su mundo hacia otro muy lejano y diferente donde, según el deseo del comandante Fitz Roy, serían

«La grue» de La Ménagerie Imperial, 1871.

bautizados y civilizados, bajo los siguientes nombres e identidades: James Button de 14 años, York Minster de 26 años, Boat Memory de 20 años y la más pequeñita de todos, Fuegia Basket, de tan solo 9 años.

De todos ellos, James Button era el único perteneciente al pueblo yamama pues los otros tres eran indígenas alacalufes, grupos étnicos pertenecientes al mítico pueblo fueguino de origen amerindio y habitante histórico de la Patagonia austral. En el nombre otorgado a Button, descubrimos el pecado de Fitz Roy ya que, una vez obligado a subir al barco a cambio de unos botones de nácar, el joven indígena se encontró en cubierta con otros indígenas (dos jóvenes y una niña) a los que no conocía y que hablaban otra lengua. Pronto descubrió que tendrán que convivir porque el capitán Fitz Roy los consideraba el lote con el que iba a sacarse unas buenas libras y resolvió llevarlos juntos y sin su consentimiento a Inglaterra. Según él los iba a civilizar.

De los cuatro nativos que Fitz Roy decidió llevar a Inglaterra uno de ellos murió a bordo ya que a medida que avanzaban hacia el norte el calor los iba sofocando cada vez más. Además de asustados estaban atontados y desorientados, pero poco a poco fueron aprendiendo a obedecer porque de esa manera la comida llegaba y pronto se dieron cuenta de que conseguir alimento en el barco era más fácil de lo que había sido procurárselo cada día desde que habían nacido.

En Inglaterra sería mucho más sencillo porque en todos lados había comida guardada, Occidente es así. El otro muchacho, al que llaman York, era callado y asustadizo y pasaba todo el tiempo protegiendo a la niña, a quien llamaron Fuegia. En cambio, Jemmy Button se convirtió muy pronto en la atracción del barco y en Inglaterra iba a ser toda una celebridad por su inteligencia y lo afable de su carácter. Dicen que era simpático y extrovertido, que se entusiasmaba con todo y le gustaba la Biblia, que quería aprender y que se adaptó muy rápido aunque en ocasiones rompía a llorar al entender que había sido secuestrado en contra de su voluntad.

Parece que recorría la cubierta diciendo «pueden llamarme Jemmy Button». Podemos imaginar a alguien haciendo mímica y copiando unos sonidos sin conocer su significado y también inferir por los relatos de los ingleses que creyeron, durante todo el tiempo que duró el episodio de Jemmy Button, que el muchacho se estaba nombrando a sí mismo.

¿Creían acaso que en la pantomima se cifraba algo del yámana en ese nombre? El 11 de abril de 1830, cerca de la angostura Murray, Button tuvo su primer contacto con el hombre blanco. En efecto, ese día el teniente Robert FitzRoy regresaba al HMS fondeado en la Isla de Lennox a bordo de su chalupa ballenera a remos (que utilizaba para pequeñas incursiones). En el trayecto de regreso, después de haber efectuado el levantamiento del brazo noroeste del canal de Beagle, se detuvo en una isla para comer y descansar.

Allí llegaron fueguinos como siempre y con la curiosidad de siempre con los que cambiaron pescados por botones y cuentas. Una vez que se reembarcaron y continuaron su navegación avistaron la angostura pero fueron interceptados por tres canoas llenas de nativos que también querían cambiar pescado por baratijas. Y cambiaron nuevamente pescados por botones y cuentas. Fitz-Roy le indicó a un joven que pasara a su bote y le dio un botón grande nacarado. El joven que abordó la embarcación era Jemmy Button que como ya comenté sería bautizado para siempre por sus raptores con el apellido de Button, botón en inglés.

El chaval, sin imaginar siquiera que iba a ser alejado de su mundo y de su familia en contra de su voluntad, se sentó en el fondo de la chalupa y vio con alegría cómo las embarcaciones se separaban porque pensó que iría a cazar guanacos con los hombres blancos como había ocurrido otras veces. La dotación del bote de inmediato lo llamó Jemmy Button por el precio del cambio efectuado. O sea que, a partir de ese momento, ese jovencito olvidaría su nombre indígena para llamarse «Botón», pues así lo consideró el poderoso y perfecto hombre blanco. Entre unas cosas y otras el tiempo fue pasando y nuestro fueguino hubo de esperar un año y medio para volver a su casa original, con el consiguiente impacto que supuso su experiencia tanto para él como para los suyos.

La era de los zoológicos humanos comenzó en la década de 1870 y se extendió hasta la de 1930. Se trataba de frecuentes exposiciones públicas y muy populares de los indígenas (en sus condiciones *naturales*) en las metrópolis europeas y de los Estados Unidos, siendo que a veces eran exhibidos como parte de una serie que comenzaba con distintas especies de monos.

En una forma distinta de apreciar los museos a la que tenemos hoy, tal manera de exponer a determinadas personas adquirió diversas modalidades, pero lo que les confirió homogeneidad fue el hecho de que, por tal medio, millones de europeos y norteamericanos apreciaron por vez primera al «otro», esa alteridad tan distante y ajena para los ciudadanos de la metrópoli.

Otro denominador común es que hoy día esos zoológicos están ausentes del recuerdo, de la memoria colectiva. Quizá porque el ser humano tiende a colocar lo embarazoso bajo la alfombra y asumir la inferioridad de quien es exhibido hoy es algo sumamente reprobable si bien esta frase, expresada a comienzos del siglo XX, habría sido objeto de incomprensión y burlas. En su momento, no hubo remordimientos, la humanidad de estos seres estaba en duda y, a la par, más de uno aprovechaba la única forma de entonces para contemplar a un humano desnudo o semidesnudo.

Era motivo de festejo para la causa imperial y, además, servía para legitimar la mirada superior de Europa, aumentando la carga prejuiciosa (esa misma que hoy funciona como argumento para rechazar inmigrantes africanos, por ejemplo).

Desde 1874, y tomando Alemania la delantera gracias a un potente comerciante de animales que brilló como artífice de zoológicos humanos (Karl Hagenbeck), –del que ya hablé en su momento–, se montaron espectáculos en los que, además de fieras enjauladas, se mostraban individuos de pueblos considerados «exóticos».

Entre 1877 y 1912 se realizaron unas 30 exposiciones de este tipo en el Jardín Zoológico de Aclimatación de París. La afluencia de público fue masiva y regular. En el primer año recibió 1.000.000 de visitas (el promedio de concurrencia, entre 200.000 y 300.000 personas). Los exhibidos recibían magras pagas siempre y cuando tuvieran una mínima cultura que les permitiera poder entender el tipo de contrato al que iban a someterse, y eso no pasaba casi nunca. Por tanto, la mayor parte de las veces se trataba de personas secuestradas, en contra de su voluntad y explotadas al mismo nivel que el de la prostitución.

Evidentemente, este experimento social tuvo una gran acogida por parte del gran público y muy especialmente por aquel que nunca se hace preguntas. Algo parecido ocurrió durante siglos con la plebe que visitaba cada tarde el Coliseum, pero no por ello debieran mantenerse hoy en día los combates a muerte de los gladiadores. No todo vale.

«La jaula se ha vuelto pájaro
Qué haré con el miedo».

Alejandra Pizarnik, *El despertar*.

BIBLIOTECA **BO**

El trabajo editorial en este libro
concluyó con su impresión
en mayo de
2025.